緣來
是你

男女生
都愛的

101
則

心理測驗

愛戀

緣來是你：男女生都愛的101則愛戀心理測驗

編　　著　凱特琳

出 版 者　大拓文化事業有限公司

責任編輯　林美玲

美術編輯　姚恩涵

地　　址　22103 新北市汐止區大同路三段一九十四號九樓之一

劃撥帳號　18669219

總 經 銷　永續圖書有限公司

TEL　(○二)八六四七－三六六三

FAX　(○二)八六四七－三六六○

E-mail　yungjiuh@ms45.hinet.net

網　　址　www.foreverbooks.com.tw

CVS代理　美璟文化有限公司

TEL　(○二)二七二三－九九六八

FAX　(○二)二七二三－九六六八

法律顧問　方圓法律事務所　涂成樞律師

出 版 日◇二○一六年十二月

大拓　TaLent TooL

永續圖書線上購物網
www.foreverbooks.com.tw

國家圖書館出版品預行編目資料

緣來是你：男女生都愛的101則
愛戀心理測驗 / 凱特琳編著. -- 初版.
-- 新北市：大拓文化, 民105.12
面；　公分. --（輕鬆生活館；31）
ISBN 978-986-411-044-5（平裝）

1. 心理測驗　2. 戀愛

179.1　　　　　　　　　105019581

Part 1

愛與情感─累積你的幸福資本

01. 你經常說善意的謊言嗎？.........................010

02. 你對另一半的要求是什麼？.....................013

03. 遭遇第三者時你會如何報復？.................016

04. 測試你的戀愛底線...................................019

05. 你對另一半的憧憬...................................021

06. 你會是個堅持愛到底的人嗎？.................023

07. 想知道你的情感屬於哪一類嗎？.............025

08. 愛情會是你的負擔嗎？.............................028

09. 你會帶給男一半怎樣的成長？.................031

10. 你是個約會達人嗎？...............................033

11. 你會為了什麼而放棄愛情？.....................036

12. 最適合你的示愛方式...............................038

13. 感情中，你是否會意氣用事？.................040

14. 甜蜜電話透露出你的愛情觀.....................042

15. 哪種人會讓你一見傾心？.........................045

16. 你的羅曼蒂克細胞發達嗎？.....................048

17. 你對戀愛的態度是什麼？.........................051

CONTENTS

18. 你的愛情為何不順？ 054

19. 失戀對你的打擊有多大？ 057

20. 他（她）忍你多久了？ 060

21. 你能得到愛情嗎？ 062

22. 喝咖啡場所顯露你的內心祕密 065

23. 唱歌時出現的尷尬，你會如何處理？ 068

24. 你對感情忠誠嗎？ 071

25. 你能應對愛情危機嗎？ 073

26. 分手後你們變成什麼關係？ 075

27. 你對陌生異性的吸引力有多大？ 078

28. 你喜歡什麼樣的感情表達方式？ 080

29. 你們的愛情會有完美的結局嗎？ 083

30. 你內心裡最喜歡的是什麼類型的人？ 086

31. 在愛情的世界裡你是自私的嗎？ 089

32. 你的曖昧功力有多高？ 092

33. 你的戀愛錯誤 095

34. 另一半的外貌你在意嗎？ 098

35. 你會因為什麼而換對象？ 100

36. 你會背著戀人劈腿嗎？ 102

37. 你是否會帶給戀人傷害？ 104

38. 你的忌妒指數有多高？ 107

39. 失戀的傷痛多久能痊癒？ 110

40. 最容易吸引妳的情話 113

41. 你與有好感的異性發展到什麼程度了？ 116

42. 你對戀人吃醋持什麼態度？ 118

43. 你的愛情在哪裡等你？ 120

44. 折信紙透露愛情祕密 122

45. 你愛情裡最大的障礙是什麼？ 125

46. 從眼神看戀人變心與否？ 127

47. 你能分清愛和喜歡嗎？ 130

48. 突然被甩，你的反應是什麼？ 133

49. 從一個 KISS 便知他的情史 135

50. 男友的另一面潛藏怎樣的危險？ 138

51. 約會地點看情侶的感情祕密 141

52. 你喜歡什麼樣的浪漫愛情？ 144

53. 美食測你的失戀反應 146

54. 舊愛與新歡，你更愛哪一個？ 148

55. 妳在戀愛上有什麼缺點？ 150

CONTENTS

Part 2

察言觀色的祕訣——一秒鐘看穿他人的祕密

01. 他（她）的名片是怎樣設計的？ 154

02. 從借錢反應看你朋友的個性 157

03. 他喜歡什麼樣的生活方式？ 159

04. 從髮型看出她內心的祕密 161

05. 一句話，看出他是什麼樣的人 163

06. 握手的祕密 165

07. 從吃相看野心 168

08. 他在拍照的時候手是怎樣擺放的？ 170

09. 他喜歡什麼電視節目？ 172

10. 從拿杯子姿勢看他的前程 175

11. 一眼看出他是不是在說謊 177

12. 從走路方式看他的事業功名 179

13. 談話時，看清他的心思 181

14. 如何根據腳步聲判斷他人？ 183

15. 從愛吃的食物也能看出性格 185

16. 從吃玉米看個性 187

17. 身體動作最能見人性 189

18. 從信用卡樣式看他的謊言 192

19. 從點菜方式測試他是什麼性格 194

20. 等人，擺什麼 POSE 196

21. 從醉酒方式看透愛情觀 198

22. 穿衣顏色能透露他的內在性格 200

23. 服飾風格透露他的個性 202

24. 透過吃相選男友 204

25. 唱歌透露個性 206

26. 髮型與性格 208

27. 頭部動作是最有價值的信號 211

28. 交談中，你注意過他的下巴嗎？ 213

29. 戴帽子方式透露他的真實個性 215

30. 從吃蘋果看個性 217

31. 放錢習慣透露性格 219

32. 透過唇膏形狀看女人的性格 222

33. 從女孩喜歡穿的鞋子看她的性格 224

34. 從坐姿看他的為人 226

35. 從鞋子可看出男人的小祕密 229

36. 從付款方式看透朋友性格 231

37. 從讀書類型識人 233

CONTENTS

38. 透過益智遊戲看準對方 235

39. 從喜歡的音樂類型看他的個性 237

40. 從談話姿勢測試你朋友是怎樣的人 239

41. 從挑位置看他的缺點 241

42. 從說話看他的個性 243

43. 女生坐姿透露性格祕密 245

44. 從臀部形狀看她的性格 248

45. 從吃肉看野心 250

46. 語速透露一個人的真實性格 253

"Love will keep us alive"

Part

愛與情感—累積你的幸福資本

你們的愛起於何處，滅於何時？彷彿一切冥冥中自有天定，其實這都是
情商惹的禍。高情商的戀人能夠準確地感到對方的愛意，也能恰當地回
應，進而讓對方更愉快，讓自己更舒服，讓愛情更甜蜜，就像為自己的
情感裝了個遙控器，是開還是關，是遠還是近，都能控制自如，游刃有
餘。

01. 你經常說善意的謊言嗎？

賞花的季節快結束了，很多花朵都已凋落，你在樹下寫生，想要永遠留住美景，在你的畫布上會呈現以下哪一種景象？

A. 群花綻放的景象
B. 花朵含苞的景象
C. 花朵半開的景象
D. 花兒凋謝的景象

A　你在情人面前形象經營得不錯，你說的白色謊言格外有說服力，情人會信以為真，其實你也很討厭自己這樣做，經常想著下次要坦白，但下回再遇到類似情況，卻又不由自主地扯謊。

B 你太渴望能夠得到好人緣了，所以你習慣於說好聽的話或是白色謊言，想要去討好他人。面對情人，你不敢說出難聽的真話，經常會自動揣摩情人想要聽到的答案，再加以回應。

因為你太過刻意，久而久之，情人對你所說的話不會全盤接受，而是會先自動打折。

C 你平常還算是個坦白的人，並不喜歡對他人說謊，因為說謊會讓你覺得不舒服。只是在面對戀人的時刻，為了維繫兩人之間的和諧，你會放棄你的原則，面不改色地說出「你一點都不胖」、「你很瘦啦」之類的白色謊言，還會安慰自己，白色謊言和一般的謊言不一樣，不算是在欺騙。

D 你認為人與人之間，應該要真誠相對，對於你的情人，你也是抱持相同的態度，因此你不想說白色謊言來掩飾對情人真正的想法。

情人若是想要聽到真話，來問你就對了，可惜不是每個真相情人都願意接受，所以你和情人之間會因此發生衝突。

☆【女人愛說的5個謊話】

1. 跟我說你和她的故事，我不會生氣的（講完必定生氣）。

2. 老夫老妻了，不用什麼情人節禮物了啦（不買你就完蛋了）。

3. 我想我真的不適合你（我根本就不喜歡你）。

4. 我暫時不想交男朋友（走開啦！你的條件還不到我擇偶標準的一半）。

5. 我心中牽掛著一個人（那個人是我專門為你這種人虛構的）。

02. 你對另一半的要求是什麼？

下面有五樣物品，只能選一樣的情況下你會選哪一樣呢？

> A. 名牌休閒服
> B. 精美的對筆禮盒
> C. 名家山水畫
> D. 高山茶禮盒
> E. 心形項鍊

測試結果

你很重視對方的內涵

婚姻是要兩個人在一起一輩子的，所以你堅信唯有「臭味相投」的兩個人，才能在一起長長久久。

B 你很重視對方的學歷

學歷高的人通常能力也不差，所以依賴性較高的你，會喜歡有個人來為你打點好一切，生活中沒有煩惱。

C 你很重視對方的職業

愛情雖美，沒有麵包還是照樣不行，所以你喜歡對方有固定的職業，尤其是最好還能夠有一筆積蓄。

D 你很重視對方的修養

理智的你最受不了歇斯底里、容易大驚小怪的人，所以結婚對象自然會以個性好為第一標準。

E 你很重視對方的外表

有實力的你只希望另一半能夠滿足你精神上的需求，所以對你來說，沒有好的外在條件，一切免談。

☆ 【沒有完美的另一半】

有才華、性格又溫柔的人往往不漂亮；才貌雙全、自恃聰明漂亮的人又很難溫柔；而漂亮溫柔的人多半沒什麼才華。

生活的經驗告訴我們，如果你不思量清楚而盲目追

求美貌的伴侶，有可能讓你自己處於和別人的競爭
中以及自己的緊張狀態裡，尋找最適合自己的伴侶
才能獲得幸福。

03. 遭遇第三者時你會如何報復？

如果你遇到了蟑螂，會怎麼辦？

A. 一腳踩下去
B. 用拖鞋拍打
C. 噴藥
D. 悄悄走過去
E. 用報紙打

測試結果

A 當你發現情人感情出軌時，你的反應是立即式的，你不允許他給你任何解釋或找任何藉口，立刻斬斷情絲，永不與他來往。

你要用傳統保守的方式去認識和瞭解一位情人，你的戀愛方式是漸進式的，以很平穩的方式走向

婚姻禮堂；你不太相信一見鍾情那種愛情，沒有
經過充分瞭解而產生的激情不能帶給你安全感。

B　你會去找一些有能力的幫手，幫你好好地處置你
的情敵或變心的情人，你不會直接報復，但一定
會找來其他人幫你處理，達到報仇目的。

你的情人必須是有條件、有道德觀念的人，因為
你不敢隨便愛上一個不該愛的人，但是你在受到
感情欺騙和刺激之後，會利用代替情人來發洩或
給受傷的感情找個寄託，要慎防失戀時有不理智
的行為。

C　不論用何種手段報復情敵或變心的情人，都希望
他們永遠不要再出現在你的生活中，不留下任何
影子，這是你爽快的做法。

你是感情付出後，難以收回的人，常常因為某些
藉口或理由留在一位不想要的情人身邊，使自己
失去再結交其他異性的機會；如果沒有命運之神
來照顧你，你會迷迷糊糊地去和一位相交甚歡卻
不大瞭解的人結婚。

D　你喜歡用較瘋狂和變態的奇招去報復，看到情敵
或背叛自己的情人淒慘的下場，才是你最痛快的
打擊方法。

你的感情是兩極化的，非常的愛和非常的恨。你

會用心地去愛上你真的很喜歡的人，真誠地奉獻
與付出，你也會想在他身上收回更多的快樂，因
此你會要求他必須遵守諾言，且他必須乖乖地做
你的好情人。

E 你喜歡用巧妙的方法，借助他人之力去報復情敵
以及背叛你的情人。你甚至不在乎花錢請客，答
謝第三者的幫助，用破財免災的方式去處理。

你總是用全心全意去愛一個人，又後悔他並不是
你的真心所愛，經常在等待和追逐，尋找一位最
佳伴侶。你的品味很高，不會輕易愛上一個人，
但當你愛上一個人時，不惜得罪許多人，也一定
要和他共成眷侶。

☆【你的愛情是對還是錯？】

如果一段感情讓你變成瘋子，那麼就是愛錯了。

如果一段愛情讓你變成傻子，那就是愛對了。

壞的愛情使人死去活來，而好的愛情只會讓人變得
更優秀。

不要愛到精疲力竭，而要愛到沒心沒肺。

04. 測試你的戀愛底線

你一個人在小餐館喝了一瓶啤酒之後，心情特別好，那麼接下來你會點下列哪種小吃呢？

A. 滷味拼盤
B. 花生等堅果拼盤
C. 爆米花
D. 辣味烤雞翅

測試結果

A　你絕不允許另一半剝奪你跟朋友的聚會時間。你會將朋友和伴侶看得同等重要，會花很多時間跟自己的伴侶在一起，可是同樣也希望有時間去和朋友聚會。

B 你是一個超級自我的人。凡事都要以你的意見為出發點，你認為只要每件事情都聽自己的就沒錯，如果另一半不配合，你會立即翻臉。

C 你是戀愛至上的愛情奴隸。另一半在你的眼中就是整個世界，你認為只要可以和伴侶在一起，其他什麼都不重要。你會覺得二人世界中沒有大事情，凡事只要都聽對方的就好了，為了堅持一些小事而傷了感情才划不來呢。

D 你是個工作狂。你不會因兒女私情而耽誤工作，你能夠做到公私分明。私底下，無論另一半提出怎樣的要求，你都會盡力配合順從，但是在工作時間你會非常敬業，不能容忍另一半的打擾。

☆【戀愛心理學】

1. 女人往往終生只愛一種男人，男人的口味則是時時會變。

2. 女人為情所困時，常會不斷降低底線，委曲求全。男人會事先設定好底線，一旦觸及，便毫不猶豫轉身離開。

3. 女人一戀愛就忍不住往終身大事上聯想。男人戀愛首先不是為了談婚論嫁，而是為了從中獲得樂趣，婚姻和戀愛對他來說完全是兩碼子事。

05. 你對另一半的憧憬

你約了一個朋友去看電影，剛要出門的時候，另外一個朋友打電話過來想要約你逛街，這時的你會怎麼做？

A. 依據與哪個朋友更談得來決定

B. 還是選擇去看電影的朋友吧！畢竟人家已經先約好了

C. 叫上後來打來電話的那個朋友一起看電影，看完再逛街

D. 陪朋友看完電影，再陪另外一個朋友逛街

測試結果

A 你選擇朋友都那麼實際，更何況是選擇另一半呢！你會嚴謹選擇任何有機會發展下去的異性，

然後從中再三挑選，你很清楚自己想要的是什麼，所以希望另一半會是一個懂得理解並且尊重你的人。

B 你是一個非常有原則的人，即使半路殺出個程咬金，你也能妥善處理。你對另一半的素質和教養方面的要求很高，有內涵的異性才符合你的標準。

C 你是一個喜歡熱鬧的人，善於結交朋友，喜歡被朋友圍繞的感覺，所以你也希望你的另一半可以以你為中心，事事以你為主。

D 你是一個講義氣的人，只要朋友求你，你一定會幫忙。所以你希望另一半是心胸開闊的，可以理解你對朋友的情義，並且包容你的所有。

☆ **【好女人的8條標準】**

1. 身體發育完好，雖不嬌美，卻不失健康本色。
2. 聰明可愛，也會裝瘋賣傻。
3. 知書達禮，尊重對方。
4. 順從聽話，卻不失個性獨立。
5. 知足常樂，不向男人提過高要求。
6. 角色多變，本色依然。
7. 愛屋及烏，寬容博愛。
8. 幫助男人，成就男人。

06. 你會是個堅持愛到底的人嗎?

假設你正在看一部鬼片。那麼,你認為鬼最可能出現的地方是:

A. 廁所裡
B. 電梯中
C. 衣櫃裡
D. 地下室
E. 臥室

測試結果

A 你的堅持程度取決於對方對你的態度。如果對方很愛你,對你很好,你就會堅持與對方走下去;如果對方讓你覺得不滿意,或者他(她)對你還有所保留,那你看情況決定是否跟對方走下去。

B 基本上你會堅持愛到底，一旦你認定了要愛某一個人，就不會改變了。如果你覺得某個人非常適合做你的伴侶，那你就會無怨無悔地為他（她）付出。

C 你非常花心，根本不可能愛到底。這一秒還在與某個異性海誓山盟，下一秒就會被另一個異性吸引。你基本上抵禦不了什麼誘惑，很容易犯錯。

D 你絕對是一個為愛堅持到底的人。如果哪個異性碰到你，他（她）就真是太有福氣了。不過，你在戀愛時要看清楚對方，看這個人是不是真的值得你如此付出。

E 你不一定會堅持到底，但是你總是要求別人堅持愛你。你的戀愛有些自私和霸道，很容易給另一半帶來壓力哦！

☆【堅持到底的愛】

在追求愛情的道路上，只有堅韌不拔的人，才有希望到達勝利的終點；在對待愛情的態度上，只有忠貞不渝、始終如一的人才能最後獲得珍貴的愛。

那些感情有假、經不起挫折與考驗的人，永遠得不到對方的真心。

07.

想知道你的情感屬於哪一類嗎？

閉上眼睛想像一下，你想看到以下哪一種與水有關的景色？

A. 大海
B. 小溪
C. 瀑布
D. 湖泊
E. 河流

你的感情表現常是非常勇敢的，大膽追求自由，從不猜疑或懷疑別人對你的態度或心意，對人有

很好的包容，遇到實在不喜歡的人，會採取避讓的態度，不會有直接衝突。

B 你很善解人意，但心思太過細膩，容易鬱悶。受到委屈或被人欺負常希望有強者出面幫你解決。不易包容別人的粗魯和魯莽，適合與一位較果斷的人共同生活。

C 在你的內心深處，隱藏著需要表現的慾望，直率的性格使你敢說敢講，敢評論是非，常為了快速表達自己的感情，冒失地犯下錯誤，但你極少為自己所犯的錯而感到後悔，你總是以詼諧的態度看待人生，心情輕鬆愉快，不易壓抑自己的感情。

D 在情感上你是個充滿安全感的人，在朋友中極有人緣，從不與人正面衝突，總是盡可能地去包容朋友、家人，你相信人與人之間最重要的是和平共處。平時，極少無意義地去打擾別人，朋友也不會過度打擾你，你的生活可以說是悠然自得的。

E 你有自由開放的思想，生活多半不受拘束，勇於表達意見，但卻不喜歡探尋問題的解決方法。朋友很多，關係卻不一定很親密，因為你喜歡交朋友，卻不喜歡因分擔朋友的問題而干擾到自己清靜的日子。

☆ 【如果愛，請深愛】

幸福，常是難以捉摸的浮萍。人生一世，草木一秋。
真愛永遠是真心付出，而不是對放不下的苦苦執著。
愛我的人，我要心懷感激。我愛的人，要全心全意
地為其付出。
愛是自由的，給別人自由，也是給自己自由。如果
不能相愛，也要祝對方終生安好。

09. 愛情會是你的負擔嗎？

　　你平常喜歡研究廚藝，突然得知一位你很仰慕的大廚準備到你家來做客，你為此精心燒製了許多菜。最後你準備製作一份以香蕉為主的甜品，你覺得下面哪種做法的香蕉甜品會得到大師的誇獎？

A. 酸甜蜜汁口味
B. 香辣炭烤口味
C. 冰淇淋香蕉船
D. 酥脆香蕉烤片
E. 清爽香蕉沙拉

測試結果

A 你屬於愛情技巧太高明者。愛情中使用一些技巧可以為兩人的生活添加更多的樂趣，但是相反，太多的技巧只會讓對方總在猜測你心中究竟在想什麼，與你交往會很累。

B 你在愛情上表現最差的就是你對生活的白癡程度。你的不拘小節和對生活的馬虎、隨便的態度，是異性對你沒興趣的原因，畢竟沒有人願意總是遷就別人，替你收拾爛攤子。

C 你有著為愛執著、為愛付出的勇氣，但是你對生活、對未來的各種「美妙」的構想，只會給對方帶來更多的壓力。

D 你性情直爽、脾氣火爆。你要求公平與尊重，否則就會爆發。戀愛中雙方是要學會相互遷就的，沒有絕對的公平可言的，你要求的公平只會讓對方沒有戀愛的感覺。

E 你屬於心情忽冷忽熱型。你多愁善感，很容易受到對方的影響。這種類型的人蠻情緒化的，對於你們之間的細小事情都會抓住不放，會想很多。以對方為主，雖然易於融入對方的生活，但是失去自我的愛情又怎麼能夠持久呢？

☆ 【為何我們越戀越難愛】

心理學家研究發現，隨著年齡的增長以及個人經歷的複雜化，人們傾向於粉飾以往的戀愛回憶：只把美好的越來越多地保留，形成了與當下情感經歷的強烈的對比。

比較的結果，大多使人感覺到對當下的失望和對以往更多的留戀，每次比較都是對回憶的再次提純過程。這是戀愛過程中阻礙幸福的自惑心理。

09. 你會帶給另一半怎樣的成長？

有一個國際神偷偷遍了全世界，卻在一次「行動」中被捕，憑直覺，你認為是什麼原因呢？

A. 被同夥出賣
B. 計劃不夠周詳
C. 警鈴太敏銳
D. 運氣不好

 測試結果

A. EQ高又有包容力的你，會讓另一半也學會收斂脾氣。你個性沉穩成熟，再加上EQ高，又喜歡把很多做人的道理講給對方聽，對方跟你交往久了，自然會把脾氣收斂一點。

B 不喜歡整天膩在一起的你，會讓另一半變得很獨立。你獨立自信，希望在工作時對方不要干涉自己，而另一半自然而然也會變得非常獨立。

C 對事業、賺錢很有一套的你，會讓另一半賺錢的功力也開始提升。你很有才能，在工作上非常用心，也肯打拼，另一半跟你相處久了，會向你學習，自然而然就會在工作上更拼。

D 懂得享受生活的你，會讓另一半也開始懂得善待自己。你隨遇而安，覺得凡事不要過於強求，這樣反而會在生活上享受一些樂趣，另一半跟你相處久了，自然而然會讓自己好好生活。

☆【遇見，學會，長大】

遇到愛你的人，學會感恩；遇到你愛的人，學會付出。

遇到恨你的人，學會道歉；遇到你恨的人，學會原諒。

遇到欣賞你的人，學會笑納；遇到你欣賞的人，學會讚美。

遇到嫉妒你的人，學會低調；遇到你嫉妒的人，學會轉化。

遇到不懂你的人，學會溝通；遇到你不懂的人，學會好奇。

10. 你是個約會達人嗎？

突然間收到一封神奇來信，打開一看是奇怪的說明書，如果是送你一樣大禮，讓你自己挑選的話，你會選擇下列哪一種呢？

A. 神奇的阿拉丁神燈
B. 可以教會你魔法的魔法課程
C. 穿上之後就可以來去自如的隱形衣
D. 堆積如山的金銀珠寶

測試結果

 和你約會是件讓人很輕鬆的事情，不過卻算不上完美，因為和大剌剌的你約會的時候，更像是和朋友在玩樂，兩個人在一起吃吃喝喝、打打鬧

鬧，但是還是少了那麼一點點的浪漫，對於腦袋靈光的你來說，浪漫其實很容易，多花點心思就行了。

B 和你約會還真是需要好脾氣，或者說你們的喜好真的是一模一樣，彼此心有靈犀，這樣才比較容易開心，因為約會時以自我為中心的你非常注重自己的感覺，希望一切都能夠按自己的意願進行，不喜歡對方有不配合的言行，所以愛情是兩個人的事情，約會也是兩個人的事情哦，多關心一下對方的想法吧！

C 傳說中的約會達人就是你了！生性浪漫的你除了會用心準備約會，手法上更是多樣，不僅會細心考慮對方的喜好，也會不斷玩新花樣，做你的情人，約會的時候總會有驚喜。

D 其實，只要你不太挑剔，你的約會會很完美，舉止得體的你本身就是約會的一道亮麗的風景，可惜你偏偏就是習慣性地會挑剔，挑剔餐廳、挑剔餐廳的服務生、挑剔餐廳的盤子、挑剔菜單的設計……除了對約會本身的挑剔，你還會在心裡偷偷為對方打分數，如果對方是個大剌剌、對約會安排不當的人，那麼約會很容易淪為批鬥大會。

☆ 【約會時坐在他旁邊的6大理由】

1. 坐在他的旁邊，能緩解緊張的氣氛。

2. 坐在他的旁邊，可以欣賞同樣的風景。

3. 坐在他的旁邊，可以增加親密度。

4. 坐在他的旁邊，可以觀察他的真實想法。

5. 坐在他的旁邊，可以得到他的守護。

6. 坐在他的旁邊，吃飯的時候能夠讓他幫你拿食物。

11. 你會為了什麼而放棄愛情？

　　有一天做夢，夢到一位友善的爺爺送了你一株仙草，他囑咐你要把它栽種並保管好。在栽種好之後，你會把它放在：

A. 小花園裡
B. 自己房間的書桌上
C. 隨身攜帶
D. 藏在一個隱蔽的地方

測試結果

A 安身立命而後成家是你的處世準則，你在乎名聲遠遠勝於自己的愛情。此外，你認為婚姻應當建立在穩定的物質條件之上，如果雙方沒有一定的經濟基礎，一切免談。當愛情與事業有衝突時，你可能首先會選擇放棄愛情，因為你的事業心很強。

B 你是個理智的人，而且你平時喜歡過有質量的精神生活，很難想像，如果缺乏閱讀和思考，你的生活會變得多麼空虛和無聊！而這些精神生活的目的則是希望自己的未來有好的發展，如果戀愛耽誤了你讀書、學習和工作的時間，你會覺得浪費了你的發展機會。

C 你覺得自己的生命比較值錢，或者你認為自己在世界上是個比較重要的人吧！健康在你心中擺在第一位置！你愛惜自己的身體，在自己的健康投資上不惜代價。如果談戀愛會耽誤你的養生，你會遲疑要不要放棄它。

D 你愛好廣泛，同時不信任他人。你有好奇心但又不希望自己的心思為他人所知。如果他（她）的出現會干擾你的隱私，你就會非常介意。

☆【戀愛心理學】

如果有人真愛你，那他無論忍受多少，都不會願意跟你分開。那種嘴上說愛，其實離你越來越遠的，不過是說謊。那種滿嘴真愛，其實一點虧都不肯吃的，無非是路過。

真愛，就是奔向結果去的。沒結果的，只能叫曾愛過。無論你愛過誰，結果只有一個——陪你到最後的才是真愛。

12. 最適合你的示愛方式

假如你在一間精品店裡看到一件自己非常喜歡的擺設，但實在太貴了，你會怎樣跟老闆討價還價呢？

A. 直接請求老闆賣便宜點
B. 站在物件前面，按兵不動，直到老闆主動降價
C. 來來回回好幾次，待降價再買
D. 請朋友也在此買東西，一起付款，請老闆算便宜點
E. 算了，忍痛以高價買下來

測試結果

A 你是那種想做就去做的人，直接跟對方說反而乾脆利落，小動作做得太多會適得其反，但是你表白時千萬不要太緊張，以免嚇到對方。

B 你做事有點無原則，但勝在有耐心，示愛時要表現出誠意，若發覺對方面有難色，你就要有耐心，好讓對方能夠慢慢瞭解你，接受你。

C 你缺乏自信，坦白示愛實在令你難以啟齒，寫情書會更有效，你若在信中真摯地表達自己的情感，對方看完後將被深深感動。

D 你太依賴朋友了，談情說愛是兩個人之間的事，雖然平時可以找朋友幫你說些好話，但到了表白時，最好單獨行動。

E 你是那種期待對方明白你的心情，然後主動向你示愛的人。膽小的你太被動了，拿出勇氣向她示愛，這才是男兒本色嘛！

☆【情書】

對不善言辭的人來說，文字是十分重要的一種示愛手段。文字傳情時可以充分地、仔細地反覆推敲自己的語言，更恰當地表達內心的情愛。

情書，也是戀人之間交流情感的橋梁，是互相傳遞情愫的窗口。曼妙的情書、情詩，編織著愛的文字，是人類愛情文明程度的標誌。

13. 感情中，你是否會意氣用事？

如果你被誤以為是精神病，被抓進精神病院後，你會怎麼辦？

A. 教訓他們抓錯人

B. 要求打電話給朋友來證明

C. 按兵不動，找機會求救

D. 自己救自己，偷偷逃跑

E. 解釋自己是個正常人

測試結果

A 對於感情，你會根據自己過去慘痛的經驗，用理智控制一切，相對會比較理性，在行為反應上已經有防衛性作為，你會很理智地告訴自己不可以重蹈覆轍。

B 在感情中你有可能會自虐，會吃不下、睡不著。你的內心是很脆弱的，雖然頭腦很理智，可是內心深處在遇到感情波折時，處理上還是不夠成熟，一旦陷入愛河，就會一發不可收拾。

C 在感情中，你會出錢、出力，一不小心就人財兩空。你在行為的反應上、在內心深處有不服輸的個性，想要盡心盡力為對方付出。

D 在感情中，你會讓對方感情用事，為你失控抓狂。其實你非常理性，感情也很成熟，知道怎樣去應付在感情上的紛爭。

E 在感情中，你會掏心、掏肺、掏命，把工作和家人晾在一邊。你在行為反應上很容易以真心換絕情，對愛太執著，很容易就付出得太快。

☆【戀愛心理學】

愛情、友情、親情，都是易碎品，一旦出現裂縫，便很難恢復原貌；不論是誰對不起誰，那裂縫都如同兩面刃，一面傷人，一面傷己。

14. 甜蜜電話透露出你的愛情觀

下面是戀人通常會打電話的時間，選選看，你屬於哪一種？

A. 剛睡醒
B. 過馬路時
C. 上班中
D. 睡覺前
E. 想到就打

測試結果

A 你在愛情中很主動，遇見好機會你一定會好好把握，是屬於「愛情鬥士」型的。

通常你在愛情中很樂意為對方付出，你體貼對

方，儘量滿足他，即使付出與回報不成比例，你也少有埋怨，跟你戀愛，真是一件幸福的事！

B 跟你戀愛絕不乏味，你可是最會在生活中找樂趣的「愛情情趣魔法師」呢！

你很能在生活中的小地方，找到讓彼此開心的訣竅，同時，你也很注重雙方的溝通，你需要知道他現在要的是什麼！

C 你是典型的「愛情生活實踐家」，你很少會有浪漫的甜言蜜語，因為你認為愛情是生活的一部分，因此你雖然注重愛情，卻不會有被愛情沖昏了頭腦的情形。

最適合你的戀愛開始方式，便是從朋友做起，等雙方熟識之後，愛情自然昇華。

D 你是標準的「愛情動物」，基本上你對感情的態度偏向感性，你認為只要對方對你是真心的，你便會掏心掏肺地對他好，只要他提出要求，你就會高唱：我願意！願意把一切與他共享！

但是，你別把戀愛看得太嚴肅了，你也需要一個愛情顧問，你的朋友、家人都可以，他們有時可以給你比較客觀的建議。

E 你們是屬於「雙贏」型的情人，你們可以在對方身上，找到自己所需要的，而且，你們可以一邊熱戀，一邊照顧友誼，絕不是有了異性沒人性的情人！但是長時間保持愛情熱度，容易看不清對方的缺點，因此，若你心中對他有何不滿，一定要隨時提出，否則積壓久了，可就麻煩啦！

☆【用完美的眼光欣賞一個不完美的人】

真正的愛，是接受，不是忍受；是支持，不是支配；是慰問，不是質問。

真正的愛，要道謝，也要道歉；要體貼，也要體諒；要認錯，也要改錯。

真正的愛，不是彼此凝視，而是共同沿著同一方向望去。

其實，愛不是尋找一個完美的人，而是要學會用完美的眼光，去欣賞一個並不完美的人。

15. 哪種人會讓你一見傾心？

假設有一款新撲克牌，除了有原本的紅心、方塊、黑桃及梅花圖案之外，還有一種花樣，如果你有機會決定這種花樣的圖案，你第一眼會選擇下面哪一種圖案來做這第五個花樣？

A. 月亮形
B. 象棋形
C. 空心圓形
D. 漏斗形

令你一見鍾情的是對將來充滿憧憬的人，當你們談及理想及願望時，你總被對方的夢所吸引，但

你要小心，在這個現實的社會，光靠夢想而不肯努力是沒有用的，令你著迷的那個人未必能夠帶給你幸福！

B 你會被那些頭腦靈活、做起事來總是比別人優秀的人所吸引。

如果你是男性，你的傾心對象會是那些年紀比你大的事業型女性；如果你是女性，那你的傾心對象便會是社會精英或專業人士，但你要懂得分辨對方所說的話，哪些是真心，哪些是謊言。

C 你的一見鍾情易流於表面化，對那些打扮出眾的人，總是無法抗拒，即使相處後你覺得雙方個性不合，但只要對方衣著迷人，你都依然會守候在其身邊，老實說，你有種追求美的虛榮心。

D 你不相信一見鍾情，即使有，你也只會持觀望態度，待雙方瞭解清楚之後，再做決定。

雖然這會減少很多浪漫奇緣，但往往能得到持久的愛情。

☆【戀愛心理學】

男女對視不足1秒表示沒有好感；對視2秒表示有好感；對視3秒可能情愫暗生；對視4秒表示感情深厚；對視5秒以上已到步入婚姻階段。

美國心理學家推薦「深情對視」練習：面帶微笑、充滿愛意對視對方8秒，認真深情對望。

訓練後彼此的愛慕程度可上升7％，喜歡度上升11％，親密度上升45％。

16. 你的羅曼蒂克細胞發達嗎？

和心儀的對象共進晚餐，食物的油漬濺到他（她）的身上，油膩膩的，好狼狽。對方手忙腳亂，開口請你幫忙擦拭，聽到他（她）的請求，你的第一反應會是：

A. 幻想破滅，對方的動作竟然笨拙到這種程度

B. 竊喜，有機會親近心愛的人了，認為對方在藉此暗示什麼

C. 失望不已，覺得心儀的對象竟是個嬌滴滴的花癡或色瞇瞇的大少爺

D. 無所謂，認為對方只是單純需要幫忙

測試結果

A 你特別不浪漫，愛得毫無人性化

說實在的，你對愛情要求過高，沒幾個人能達到你的超高標準。你的白馬王子（白雪公主）是瀕臨滅絕的保育類動物。就算有人對你頗為欣賞，但相處以後發現你不但不羅曼蒂克，還老用放大鏡和顯微鏡去觀察戀人，去談戀愛，這時人家就會連跑帶爬地趕緊離開。

B 你缺少創意，浪漫招數太落後

你使出的羅曼蒂克招數，多半是從電影和小說裡學來的，缺少創意，甚至可以說是老掉牙了，所以，遇到跟你一樣缺乏想像力的對象也沒什麼。如果愛上一個古靈精怪的對象，依你的一招半式，想要贏得他（她）的愛情，真的是渺茫得很呢。

C 你會浪漫，但更注重現實中的關愛

你的羅曼蒂克細胞，大約只占全身的百分之四十，而且還因時因地發揮。你不是一個反對羅曼蒂克的人，甚至興致來的時候也頗為狂熱，但是在現實生活中，你會覺得太費時間或是花太多錢的羅曼蒂克舉動，實在有點不切實際，還不如在日常生活中對情人好一點，多一點關愛。

D 你雖木然，但經啟發後還是蠻浪漫的

說你沒有羅曼蒂克細胞是不公平的，但是你的反應比較遲鈍卻也是事實。有時他（她）向你放電，你卻覺得不太舒服；有時異性對你特別關心照顧，你卻視而不見，竟視對方為朋友，弄得對方非常尷尬，覺得你是個不解風情的呆頭鵝。但是，一旦你受到啟發，陷入愛河的你也會非常浪漫，而且表現得非常抒情又貼心呢。

☆【浪漫要錦上添花】

誰說雪中送炭最珍貴？一項心理學上的研究顯示，在你的伴侶遇到高興事的時候與之一道慶祝，比在對方遭遇挫折的時候加以安慰重要得多。

研究人員指出，在一個人興致勃勃的時候，很容易分辨出對方是不是真心為自己高興，而在沮喪的時候，對外界的反應反而會變得遲鈍。

17. 你對戀愛的態度是什麼？

情人節時，如果你想把毛衣送給異性朋友，你會選擇什麼顏色的？

A. 白色

B. 紅色

C. 藍色

D. 粉色

E. 紫色

測試結果

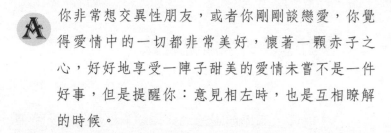

你非常想交異性朋友，或者你剛剛談戀愛，你覺得愛情中的一切都非常美好，懷著一顆赤子之心，好好地享受一陣子甜美的愛情未嘗不是一件好事，但是提醒你：意見相左時，也是互相瞭解的時候。

你過著自由自在的生活，你率性、健康，又快活，很少為雜事煩惱，但是有時會因貪玩而誤了事。

你的愛情最好是來自友情，他必須與你志同道合，這樣才能由友誼發展到愛情，走入婚姻。

你生性活潑，外向又愛熱鬧，但是不易與異性建立穩定的關係，你不喜歡讓人掌控你，也不願掌控別人，你與異性交往的時機還沒有到，因為你寧可將生活重心放在大多數朋友身上。

你與家庭的關係比較密切，愛與關懷都放在自己的家人身上，你是很孝順、乖巧的孩子，卻不是浪漫的情人，對猛烈的追求者，總是提高警覺以防受傷害。

應該與家庭觀念較重的異性交往，這樣比較容易得到幸福。

E 你不容易信任親人及朋友,你相信每個人都應該有隱私,保留小小的祕密是你的天性,因為你較擔心會受傷害,所以容易和寵物培養起很好的感情。

你雖然很愛你的情人,但是卻認為你比對方更需要呵護。

☆【不要因為周圍的人都戀愛了,而匆忙去戀愛】

當我們發現身邊的朋友都開始談戀愛了的時候,在這樣的環境中,自己便也想找個人談戀愛,這也是同調行為的一種表現。

當周圍朋友中談戀愛的人數逐漸增多時,人的同調行為會逐漸轉變成一種強迫觀念,認為自己不談戀愛不行,結果卻降低了自己對戀愛對象的標準。

你的愛情為何不順？

晨運的時候總會看到很多人在社區遛狗，你在社區慢跑時突然看到一隻戴著MP3的狗獨自在漫步，你腦子裡閃出的第一個念頭是什麼？

> A. 這年頭狗也聽MP3！
> B. 我是看眼花了，還是在做夢？
> C. 這隻狗是不是有超能力？
> D. 是狗主人惡搞牠的吧！

測試結果

A 你愛情不順是因為你做不到心無旁騖。即便你平時是個蠻能幹的人，但是一談戀愛你就會變得沒主見，總想聽聽旁人的意見，偏偏你身旁出謀劃策的人又多，他們東一句西一句的，反倒讓你更沒了主意，因此，你常會躑躅不前。

B 你愛情不順是因為心中的陰影未去。之前的那段戀情對你影響太大，你還沒有真正走出來。一方面，你害怕自己重蹈覆轍，再次受到傷害；另一方面，你心裡還沒有徹底忘掉那個人。

C 你愛情不順是因為你總是這山望著那山高。不滿現狀的你想法很多，目標也高，一般人根本入不了你的眼，結果你挑來挑去誰都看不上。奉勸你把眼光放低一點，也許對方的好多優點你都沒看到。

D 你愛情不順的原因是你總是羞答答的。你對愛情既憧憬又害怕。因此，你往往很被動，當遇到心儀的對象時你又極易自卑，怕自己配不上對方，這就給自己設了無數的門檻。

☆ 【讓愛情穩固的10個好習慣】

1. 鼓勵和讚美最重要。

2. 想要什麼你就說。

3. 無傷大雅的癖好可以無視。

4. 親密不應該流於形式。

5. 每天至少聯繫一次。

6. 快樂可以自己創造。

7. 大膽追求激情。

8. 愛情也需要檢查進度。

9. 永遠彼此尊重。

10. 沒有必要完全透明。

19. 失戀對你的打擊有多大？

第一次約會，總要挑個好地點。憑直覺，你覺得哪一個地方最有助於你的愛情發展呢？

A. 百貨商場
B. 動物園
C. 電影院
D. 咖啡館

A 你知道感情是不能勉強的，如果兩人的緣分已盡，你也能泰然處之，大方地和對方說再見，並

給予祝福。

每一次戀愛，在你看來都是一次修行，可以從中體會愛情的真諦，並學習愛情的方式。對愛情有如此正面想法的你，道行當然是很高的了。

B 你容易被愛情傷得很重，因為你是個重感情的人，總是將全部的心思都花在對方身上，如果失戀，你馬上會不知所措，失去人生方向。你會將自己鎖在門內，療傷好久好久，才能慢慢復原。

C 愛情是你的獵物，錯過了眼前這個，你馬上就會瞥見不遠處，還有一個新獵物，心境可以轉換得很快，戀愛對象也能換得又快又乾脆。

你不會把碰釘子這種事看得太嚴重，反正天涯何處無芳草，何必單戀一枝花？這就是你的愛情哲學。

D 你很尊重對方的意見，可是如果愛情走到了盡頭，你會非常不捨，時時刻刻被與情人相關的一切記憶圍繞。即使經過一段時間後，生活漸漸恢復正常，其實在你的內心深處，還是希望有破鏡重圓的機會。

☆ 【失戀就是一次鍛鍊】

當愛情走到盡頭的時候，我們也要坦然去面對，泰然處之，不能深陷痛苦之中無法自拔，更不能視對方為敵人，惡意地去報復。因為在愛情中，沒有誰對誰錯，

與其把自己傷得遍體鱗傷，不如微笑視之。

把每一次戀愛，都看成人生的一次修練，從中體會愛情的真諦和學習情人的方式。

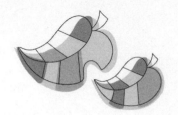

20. 他（她）忍你多久了？

憑直覺從以下四組顏色中選擇一組：

A. 上面紅色，下面綠色
B. 上面橘色，下面紫色
C. 上面藍色，下面粉紅色
D. 上面粉紅色，下面紅色

測試結果

A

他（她）對你的忍耐程度為50％

對方覺得你有時候脾氣暴躁，在人前會不給他（她）留面子，有大男人主義或大女人主義傾向，又喜歡抱怨，沒追到手前，可能什麼事都好，一旦追到手，就完全變了樣。

B 他（她）對你的忍耐程度為80%

對方受不了你常常疑神疑鬼，愛鑽牛角尖，有的時候你過於依賴對方，卻不夠體貼，忽略了照顧對方。

C 他（她）對你的忍耐程度為30%

對方認為你太孩子氣，任性、固執，想法很幼稚，不會去想未來怎樣，總之你就像個小孩一樣，故意去做一些惹毛對方的事。

D 他（她）對你的忍耐程度為10%

對方認為你過度在乎工作和朋友，注意力沒放在他（她）身上，覺得被你忽略。

☆【男人天生需要尊重，女人天生需要愛】

以失敗告終的婚姻中有50%的原因是，忽視雙方的天然需求——男人天生需要尊重，女人天生需要愛。如果忽視了這點，夫妻雙方就會陷入相互抱怨、猜忌、指責、爭吵的「瘋狂循環」；而一旦明白並滿足對方的天然需求，就能讀懂對方的信息，進入夫愛婦敬的「活力圈」。

21. 你能得到愛情嗎？

如果有人和你同時愛上一個人，而你非常愛這個人，你會：

A. 不擇手段，要得到這個人的愛
B. 讓這個人去選擇，自己不做積極爭取
C. 自己主動放棄
D. 不在乎結果，只是積極爭取，表露自己的真心

測試結果

A 你會不擇手段獲得愛情，表示你在愛情中有很深的自卑感，以自我為中心。因為有自卑感，所以外在表現出來是絕不能被拒絕，也不能輸給別人，至於是不是真的愛對方，那就很難講了。而且，因為你一向是依照自己的意志行事，很少去

尊重別人的意見，甚至是情人的想法，所以你會不擇手段地獲得情人，你屬於以自我為尊的人。

B 選擇這個答案，表示你是個君子，而且是真正愛對方的，尊重對方的意見。

你的這種愛情心理很健康，因為愛情不是一廂情願的，你知道愛情的本質，所以你會尊重情人的選擇。就算落選了，你也無怨無悔，還會祝福對方，是個很看得開的人。

C 一遇到情敵，還沒努力就主動放棄，你對自己的愛相當沒有信心，你對愛情抱有被動、隨緣式的態度。

你不但對自己沒有信心，對情人也很沒信心，所以你總是往壞的方面想，當然不戰而敗。像你這種愛情態度，會很難找到一個適合你的人，因為你不會主動爭取，就算有人愛你，也會覺得沒有安全感。

D 你或許深知真愛是一種犧牲。你不是屬於那種沒自信的人，而是對自己的感情負責，不論這段感情是否有結果，你都要真心地付出，對得起對方，對得起自己的真心，做到無怨無悔。

你從一個超然的角度去看愛情，不強求，不會想套牢對方，這是比較達觀也不易受傷害的做法。

你或許曾經受傷，不然就是你多愁善感，對於愛情總是會有所保留，不會整個人都栽進去。

☆【張愛玲論女人】

有兩種女人很可愛。一種很會照顧人，會把男人照顧得非常周到。和這樣的女人在一起，會感覺到強烈的被愛。還有一種很膽小，很害羞，非常依賴男人，和這樣的女人在一起，會激發男人的個性的顯現。

另外一種女人既不知道關心體貼人，又從不向男人低頭示弱，這樣的女人最讓男人無可奈何。

22. 喝咖啡場所顯露你的內心祕密

你喜歡喝咖啡嗎?你覺得什麼地方喝咖啡最適合、最享受?

A. 舒適的家中客廳

B. 高貴豪華的大飯店

C. 溫暖雅致的咖啡廳

D. 像麥當勞一樣的速食店

E. 歐洲風情的露天咖啡館

測試結果

A 你喜歡自然又舒適的愛情，希望彼此的相處就像家人一樣和諧，令你身心放鬆，充滿安全感。

兩人對未來有一定的計劃與期待，並且共同為將來而努力。

這樣的感情是平穩而且可以維持很久的，但是要記得在生活中偶爾給對方小小的驚喜，這是很重要的。

B 你喜歡用比較華麗浪漫的形式來經營你的感情，你希望你和情人之間的種種表現，包括愛情的歷程、彼此的形象及相處方式等，都能夠讓你有面子，令人羨慕。但是要注意：如果要讓感情細水長流，相對的付出是很重要的。

C 你所喜歡的愛情是較單純而溫馨的，你雖然不是一個非常浪漫的人，卻會努力製造一點氣氛來取悅對方，讓對方感受到你的愛意。

你所希望的感情進展方式是漸進而紮實的，彼此相知，有默契。

D 你很容易動心，會被對方身上某一種特質吸引而陷入其中。

你和情人的相處方式比較像朋友，屬於隨性、大而化之的類型，不會刻意去營造什麼。對你而言，感情只是你生活中的一部分，朋友等其他事物也占著重要位置。

E 你會花一些心思去創造與眾不同的浪漫方式，來讓兩人對這段感情印象深刻，覺得愛情是甜蜜的。你有一定的自信，也不介意和大家一起分享你這段愛情的喜悅與美好，但要注意的是，你也可能會是一個不夠實際的人，當感情遇到現實問題時，你可能會招架不住。

☆ 【你愛錯了嗎】

如果你愛的人總讓你哭，那麼你愛錯了；如果你愛的人只會給你錢，那麼你愛錯了；如果他會欺騙你，那麼你依然愛錯了。

最好的情人，無非是老實可靠，包容你給你安全感。至於浪漫和情調，常常隱藏在平淡的表象裡。如果你抓不住，因此放棄這樣一個人，那麼你選錯了。

23. 唱歌時出現的尷尬，你會如何處理？

第一次帶他（她）跟「死黨」見面，你卻將這個超級音癡帶到KTV與朋友們一起玩，他（她）為了你盡力表現，死抓著麥克風不放，這時的你會如何處理局面、化解尷尬呢？

A. 乾脆豁出去，與他（她）合唱

B. 唱得更大聲，蓋過他（她）的聲音

C. 找個藉口，拉他（她）提前離開，終結這場聽覺災難

D. 擲骰子

測試結果

A 和他（她）在一起的時候，你總是毫不掩藏濃濃的愛意，絕對的忠誠和體貼讓他（她）非常感動。你無論是婚前還是婚後，都是可以同甘共苦的理想伴侶，他（她）真是幸運。

B 你很有主見，但也希望週遭的人能夠贊同你的想法，給予支持。在愛情方面也是如此，你要得到眾人的祝福，才能安心去結婚。不過你早就有確定的人選，沒人能更改得了你的心意。

C 即使陷入熱戀，你也會十分理智，不會被愛情沖昏了頭腦。在做任何決定之前，還是會先考慮自己，在不影響個人人生規劃的情況下，才會把他（她）納入你的生命中。

D 你不太容易完全投入一份感情，時而會變得非常清醒，甚至有點疏離。必須要經過一些考驗，讓你體驗到患難見真情的可貴，你才會珍惜。不給你一段難忘的傾城之戀，你們都只能是對方生命中的過客。

☆【唱歌走調也是一種病】

澳洲研究人員發現，唱歌找不著音調可能是罹患了「失歌症」。

失歌症患者可能還存在溝通障礙，如辨別不出對方
語言中傳達的表示生氣、害怕或諷刺等情緒。
他們經常會遺漏對方透過語調表達的「弦外之音」。
但他們仍可以感受到講話者大喜大悲等明顯情感。

24. 你對感情忠誠嗎？

　　有位女士正在飯店大堂與人談話，不過，談話對象被椅背遮住了。那麼你覺得這位女士在和什麼人交談？

A. 同齡女性
B. 同齡男性
C. 飯店服務員

 測試結果

A　你的道德感和倫理感較強，喜怒不形於色，比較不容易做出出軌的事。

B　你渴望與異性接觸，對外遇十分憧憬，至少也具有浪漫情懷。

C 你多半是平日工作繁忙、無暇顧及他人內心感受的人。

☆ **【智商高的男人不易出軌】**

研究發現，對伴侶較忠誠的男性平均智商103，不太忠誠的男性平均97。

對待兩性關係，智商高的更投入，也能在一段關係上保持長久注意力。面對誘惑時，會透過內控力完美化解。心理學家認為，婚姻經營得好和個人智商高、心理素質強，有高相關性！

25. 你能應對愛情危機嗎？

從以下四種乳製品中選出你最喜歡的一種，它是：

A. 牛奶

B. 奶酪

C. 優酪乳

測試結果

A 在愛情關係中，遇到困難跟情人翻臉時，你很少當場發脾氣。出於你的自我反省意識，你會先冷靜下來捫心自問，向內求取指引，思考兩人的問題所在，之後再和情人溝通。

B 和情人發生不愉快時，你首先會向有戀愛經驗的前輩請教，或向好友咨詢應對之策。他們的意見和建議，是你重要的參考，你甚至還會依樣畫葫蘆。偷學別人的功夫本事，是你應對愛情難題的方法。

C 你真的很用功，除請教朋友和師長外，還會常常閱讀報紙、雜誌，還會上網查詢男女如何相處的相關文章作為參考。不過你並不是照本宣科來解決你和情人的衝突，你擅長收集別人的經驗做法，再融合自己的經驗，根據需要選出適合自己的做法。

D 你認為每個人的感情狀況都不相同，所以你不太相信其他過來人的經驗之談。因此當你戀愛時，你會不斷地從自己的戀愛經驗中汲取教訓，來應對目前的變局。

☆【心理箴言】

當你能控制自己的情緒時，你就是優雅的；當你能控制自己的心態時，你就是成功的。

優雅不是訓練出來的，而是一種閱歷；淡然不是偽裝出來的，而是一種沉澱。時間流逝，老去的只是容顏，而靈魂，卻可以變得越來越動人。

26. 分手後你們變成什麼關係？

　　你是一個學生，有一天上課很多人都在下面說話，你也和同桌的同學聊的很起勁，此時老師猛拍了一下桌子，你會：

> A. 看著老師，心裡想著：真討厭，講你的課去
> B. 馬上把桌上的書翻來翻去，裝作在聽課的樣子
> C. 覺得老師看到自己了，怕被直接點名，心虛地埋著頭
> D. 鎮定觀察老師的表情，看他說的是不是自己
> E. 仍然自顧自地說著，對老師的警告不予理睬

測試結果

A 他對你已經心灰意冷，沒什麼想法了，而你對他仍有怨恨或者不甘，並一直不停地試圖去恢復你們之間的關係，比如說裝作發錯訊息啊，到他常去的地方假裝偶遇啊，故作姿態地抱怨他幾句啊。但是他總是沒什麼回應，他基本上算是對你灰心了，分手也是他提出來的，你們已經沒有破鏡重圓的可能了。

B 他對你心存怨恨，因為在一起的時候，你缺乏真誠性，他總是覺得你在敷衍他，或者說是欺騙了他的感情。你和他在一起的時候很少表達你真實的想法和感情，而他一開始對你深深迷戀，所以在你離開他之後，他會覺得被你欺騙玩弄而暴露出很多男人隱藏的可怕嘴臉，比如對你糾纏不休、軟硬兼施。

C 他對你餘情未了，時時刻刻都在想辦法與你重修舊好，他覺得你們的分開只是一時之氣，所以他會不遺餘力地要挽回你的心，因為他覺得你們之間依然有情，心中都放不下對方，只是在互相折磨罷了，但是他不知道，平時看似沒什麼主見的你，其實已經下定決心不會再回頭，所以他做的一切都是徒勞的。

D 他不會再想著你了，因為你太強硬了。即使你們兩個都依然有情，但是很遺憾，你們之間也已經沒有任何和好的可能了，分手可以傷心、不捨、憤怒，而你們卻是最嚴重的一種：淡然。你們的感情沒有出現問題，影響你們的是性格因素，性格因素往往是天生而不可抗的，你沒有給他一個男人該有的尊嚴感，這是非常致命的性格硬傷。所以你們實在是走不下去的，性格決定命運。

E 你們互相怨恨，絕無和好可能。你們是典型的不上天堂就入地獄型，分手後你們都對對方死心了，提都不想提，想起來都要抓狂的，你們簡直就是一對怨侶，在街上撞見了都會繞道而行。大家都覺得你們莫名其妙，在一起就是錯誤，你們活脫就是愛情的反面教材，沒有理解沒有包容，你們之間唯一的共識就是「遇人不淑」，真的非常戲劇化，非常具有諷刺性。

☆【分手經驗】

分手後，你可以連續三天寫下分手經驗。這樣一來，你等於在做兩件事：把自己暴露在負面的思緒裡（等於為自己做脫敏的工作），以及透過語言來釐清和理解當時的事。

27. 你對陌生異性的吸引力有多大？

假如你無意中走進了一個華麗的房間，裡面正在舉行一個西式聚會，身著盛裝的男女往來穿梭。這時一個臉色蒼白的侍者，手裡托著一杯紅酒向你走了過來。你的選擇會是：

A. 先仔細看看這杯酒，研究一下是否有毒

B. 很有風度地說聲「謝謝」，然後拿起杯子一飲而盡

C. 面帶微笑地說：「對不起，我不會喝酒」

D. 直截了當地拒絕

測試結果

A 你在交友方面理智而不乏感情投入。你不會輕易地相信別人，但是一旦投緣就會真誠以待。因此，你很容易獲得陌生異性的青睞。

B 你是那種喜歡在公眾場合炫耀自己的人，你總是不加考慮地向所有人表達你的情感。陌生異性會很容易被你吸引，但是，人家也會很容易地感覺到你的輕浮。

C 你能夠很好地維護自己的風度與形象，即便對不願意交往的人，你也會注意不傷別人的面子。你很容易同陌生異性結成泛泛之交，但是友誼能否深入，要看你能否敞開心扉了。

D 孤傲而清高的你，總是不能妥善處理自己的人際關係。你太不懂得迂迴和妥協了，陌生的異性有充足的理由對你表示反感。

☆【如何成功吸引異性】

吸引住男人的最好辦法，就是讓他雖一直得不到，卻覺得自己很有希望；吸引住女人的辦法恰好相反，就是讓她一直感覺被滿足，而且還有更多遐想的空間。當然如何把握這個分寸，是很有學問的。

28. 你喜歡什麼樣的感情表達方式？

　　就像世上沒有兩片同樣的葉子一樣，世間的萬物都具有自己獨特的存在方式。不同形式的水也會有不同的聲音，你喜歡聽哪一種水聲？

> A. 輕快流動、濺起水花的山澗溪水聲
> B. 緩慢沉穩的平原大河的水聲
> C. 大海拍擊岩岸、激起澎湃浪花的聲音
> D. 海浪輕撫沙灘、彷彿能聽到沙粒滾動的聲音
> E. 綿密持續的小雨聲
> F. 雷電交加的驟雨聲

測試結果

A 你喜歡的感情方式很簡單，彼此在一起感到輕鬆愉悅就好，即使偶有小爭執或不愉快，你也覺得那是增進感情與瞭解的催化劑。希望有時有小小的浪漫，但不要太瘋狂。兩人的感情是持續進展型的。

B 你喜歡的感情方式是兩人像朋友一般彼此關心照顧，用心持續地經營，相互信賴，在感性中帶著理性。你對對方的要求不高，喜歡在瞭解與付出中，讓你們的感情日漸深入，慢慢結果。

C 你喜歡的表達方式是較為直接熱烈的，有時帶著戲劇性但不要太瘋狂，一旦喜歡上別人就會慷慨地付出，希望彼此的感情能夠有明顯進展，用力燃燒。不過可能在絢爛化為平淡之後，你會覺得難以接受。

D 你較重視心靈的感受及契合度，情感較為細膩，非常注重感情的質感，能夠溫柔地對待你愛的人，全心地付出並包容對方，希望將二人世界經營得美好浪漫。

E 你的個性較容易受傷，比較需要別人的呵護與疼惜，希望對方能夠給予你細心且多方面的照顧與滿足，最好是包括身心及經濟等各方面，希望感

情的進展是循序漸進的，而不是瘋狂的。

你若愛上一個人，會全心全意、不顧一切地為對方付出，容易被戲劇化的情節所吸引，自設為愛情故事的主角，期望彼此被深情感動，可能會為愛做出瘋狂的舉動。你對於感情的付出相當小心，多會先行試探，而不容易付出全心；但若對方能進入你的內心深處，抓住你的感覺，這就會引起你強烈的共鳴及回應。你希望彼此的心靈能有高層次的契合。

☆ **【對待女人的10個小細節】**

1. 讓她適當融入你的生活圈子。
2. 經常表達愛。
3. 在朋友面前給足她面子。
4. 學會適時安慰。
5. 不要把撒嬌當成撒野。
6. 記住她的生日和你們的紀念日。
7. 任何時候都不要先掛她的電話。
8. 不在她面前讚揚另一個女人。
9. 她發脾氣時給她一個擁吻。
10. 盡可能把時間留給她。

29. 你們的愛情會有完美的結局嗎？

　　你們牽手逛街時遇到了你的朋友，他（她）會怎麼表現呢？

> A. 停下來陪你跟你的朋友說話
> B. 他（她）會打個招呼，說「你好」之類的話
> C. 他（她）會靜靜裝作不知道這是你的朋友
> D. 他（她）會裝作沒有看見你的朋友，與之擦肩而過

測試結果

Ⓐ　他（她）是一個非常好的戀人，因為他（她）是在認真地追求你，並且願意融入你的生活，尊重

你的朋友。所以這樣的人一定是個正直、善良的人，並且對於愛情有著執著的追求。只要你們能夠好好相處，就一定能夠贏得美滿的結局。就算將來不能走進婚姻殿堂，他（她）也會是一個值得珍惜的朋友。

B 他（她）至少是個懂禮貌、個性溫和的人。可能他（她）還沒有想好要跟你共度一生，也有可能是他（她）在交際方面不太擅長。所以，你和他（她）不一定會有結局，但是可以成為很好的朋友。如果你真的喜歡他（她）的話，可以試著幫他（她）營造一個輕鬆的氛圍，將他（她）帶進你的生活圈，慢慢地他（她）就會變得開朗大方。

C 他（她）的個性有點古怪，防禦心比較重，不太願意與人接近。可能是他（她）強烈的自尊心或是自卑感在作祟吧，他（她）對生活會百般挑剔。所以如果你想好好維持兩人的關係，可能就要委屈點將就他（她）了。只有透過慢慢的瞭解和改變，才能贏得完美的愛情。

D 如果真的出現這種情況的話，你可要好好考慮一下你的感情問題了。也許他（她）根本就不愛你，因為他（她）不懂得尊重你、尊重你的朋友，他（她）根本就不想融入你的生活圈子。即

使你一再委曲求全地去迎合他（她），也不一定
能夠讓他（她）改變，你們之間很難維持一個平
等和諧的關係，這樣的愛情只會讓你受傷。

☆ 【有情人如何才能終成眷屬】

1. 隨時能聯繫到彼此。

2. 經常談心，知道對方的想法。

3. 吵架要發洩出來，不能隔夜。

4. 互相尊重。

5. 不要跟異性朋友沒完沒了地聯繫。

6. 不要吝嗇你的甜言蜜語。

7. 態度決定一切。

8. 兩個人吵架，不管是誰的錯，必須有人先低頭道
   歉，哄對方。

30. 你內心裡最喜歡的是什麼類型的人？

　　你已經有一個很好的戀愛對象，但是某天你收到了一封很曖昧的密信，這時候他（她）來你家玩，你會把密信藏在哪裡呢？

A. 衣櫃裡

B. 床褥底下

C. 相框內

D. 書本裡

E. 餅乾盒內

　　假如你第一時間想起藏在衣櫃裡，代表你喜歡乾淨整潔類型的人。你不要求他（她）打扮入時，緊跟潮流，只希望他（她）不要不修邊幅。一個

注重個人衛生、衣著素淨整潔的人，特別容易討你歡心，奉勸你對一個重視整潔的人有意思時，還是多用點時間觀察為好，小心他（她）是一個有潔癖的人，到時你就會嫌他（她）吹毛求疵了。

B 將密信藏在床褥下，暗示你喜歡較為主動、熱情而有幹勁的異性。因為床褥是較為私人的物件，你把心事都藏在那裡，代表你為人內斂，不習慣與人分享心事，現階段你渴望交到一個與你性格相反的異性，由他（她）去改變你，將你的世界變得繽紛點。

C 將密信藏於相框內，表示你對美術、音樂興趣濃厚，對藝術的敏感度極高，你希望有一個同樣對藝術有興趣的異性與你分享心得，所以具有藝術天分或藝術家氣質的人，最能吸引你的注意力。你不妨多參加點藝術活動，藉著這些文化活動結識理想異性，亦可以增加你的文藝修養，一舉兩得。

D 書本是知識的象徵，你將密信放進書本裡，代表你心中最重視的是知識。你本身求知慾、好奇心皆強，對週遭的事物經常保持好奇心，所以希望能與一個見多識廣的人談戀愛。藉著他（她），你可以認識更多新事物，對世界更深入地瞭解。

相貌或財富並不是你最關心的問題，最重要的是他（她）要像一個學者。

E　印象中，把重要物件放進餅乾盒內的，都是老一輩的人，你將密信放進餅乾盒內，代表你思想頗為保守，做事以穩重為原則，沒有周詳計劃你是不會貿然行動的。最有趣的是，你並不要求另一半跟你一樣穩定，你只要求他（她）是一個對吃有研究的異性，對於哪裡有好東西吃最好瞭如指掌，這樣才能討你歡心。

☆【渴望依賴的感覺】

每個女人，都希望有在受委屈時可以依靠的男人。而每個男人，疲累時都想在自己女人的身邊安然躺一晚。生活伴侶其實也是靈魂伴侶，不要總是去尋找相愛的感覺。

相愛容易，而能讓人有歸屬感難。有些人愛你，卻不能給你歸屬感。所以，若有人讓你有回家的安全感，就這樣相守一輩子吧。

31. 在愛情的世界裡你是自私的嗎？

文學、藝術的神祕殿堂是很多人都嚮往的，如果現在給你一個從事這方面工作的機會，你會選擇下列哪種職業呢？

A. 畫家

B. 作家

C. 雕刻家

D. 攝影家

測試結果

A 你只為自己而活，是個以自我為中心的人，想做什麼就做什麼，不想遵守社會規範。

情人想要改變你是不可能的。因為你向來我行我素，換個角度也可以說是自私。獨斷專行的作風，讓對方覺得很辛苦，因為對方只能圍著你轉。所以和你談戀愛的人，的確是有點累。

B 你可以稱得上純粹的感情動物。在愛情戰場上，你最在乎的是有沒有得到對方的真感情。

你討厭自私的人，想讓對方的心徹底地臣服於自己，所以你推己及人，在愛情中，你是會為對方著想的人，只是技巧上多注意些會更好，你給的並不一定就是別人想要的。強迫對方接受你自以為是的好意，不也是一種自私嗎？

C 對待愛情，你是個極認真的人，總是採取主動，不甘於愛情被人操縱，你用雙手去塑造你想像中的愛情形態。情人要能配合你的想像，如果可以，兩人就相安無事，你也會是一個好情人；如果有距離，你就會頭也不回地離去，從來不管留給別人的是什麼，有些自私喲！

如果離開了就千萬別回頭，不僅不能找回愛情，也會破壞原有的美好。

D 你喜歡愛情中的互動感，只要你愛的人給你快樂，你就會給予回報。

你在乎對方，也尊重對方，喜歡默默觀察對方的需求，例如情人的喜好，再用特別的方式，在特別的時刻，給對方驚喜，讓情人覺得很貼心。用你的本色就可以牢牢抓住對方心底最柔軟的一處，想逃也逃不掉！

☆ 【自私的愛情】

愛情是不能和別人分享的，只能兩個人擁有。在愛情裡的付出自然就要求回報，所以，自私也沒錯。愛情的自私其實也是自然現象，沒有特別的理由讓這種自私的行為改變。自私其實也表示珍惜，但是太自私的愛情又會為雙方帶來痛苦和傷害。

32. 你的曖昧功力有多高?

　　和情人共作一幅畫,對方先在白色的畫紙上繪好平靜的海面,陽光映襯著一艘船,接下來你會另外添加上哪一部分?

A. 為船添上一張帆

B. 甲板上的一對情侶

C. 幾隻飛翔的海鷗

D. 再畫上另外一艘船

　　你是一個會借力的人,往往能引領對方的情緒,主導感情的發展方向,是主動的一方,你經常把對方搞得手足無措,矛盾卻又無法放棄你製造的曖昧關係,始終無法撥開雲霧看透你的真實想

法。這全都因為你還沒有想好怎麼給這段關係一個合適的定位,所以只能把曖昧的戰線拉得很長。

B 在甲板上畫上一對情侶,表示在內心深處你就想和對方打破曖昧,步入正途,換句話說,你從來不想讓對方和自己陷入一種無法決斷的關係,你認為直白而又簡單地公布自己的真實想法才是兩人相處的基本前提。其實,偶爾吊一吊對方的胃口,何嘗不是一種增進新鮮感的辦法呢!

C 只能說你是一個善良的人,你時常會創造一個適合的場景和氛圍來製造曖昧關係,卻難以繼續往下進行,或者是當你心軟的瞬間,倒是被對方占了上風,成為曖昧關係的製造者,你倒是陷入自己設下的圈套,憂心忡忡地糾結著。所以,如果對兩人的關係難以掌控,就千萬不要貿然把自己推到「風口浪尖」!

D 你是每段曖昧關係的製造者,是頻頻留給對方幻想的小惡魔,你善於在朦朧中跳進跳出,更善於將朦朧聚攏,越迷濛越有看頭,更讓人意想不到的是,跟你曖昧的還不僅僅是一個人呢!可是當你為有一票追隨者而沾沾自喜的時候,你有沒有想到你背負了多少感情債?只想處處開花不想守住一個結果的做法,終有一天會傷到自己哦。

☆ 【曖昧的心理是什麼】

一個男人被妳吸引，但同時，他又不想為妳而放棄
女朋友或更多選擇機會，這時就會跟妳曖昧。

對男人來說，曖昧的最好結果是享受肉體而不承擔
結果，而對女人來說，曖昧不過是場情感按摩。但
從結果來看，玩情感的都會受傷，而玩肉體的都會
占便宜。所以，曖昧不是女人能玩得起的遊戲。

33. 你的戀愛錯誤

當你的情人滿心歡喜地要求你做一件你可能做不到的事情時，你會怎樣？

> A. 滿口答應且裝出很願意的樣子
> B. 稍微遲疑但還是很高興地答應
> C. 婉轉地回絕，請對方諒解
> D. 一口回絕，表示做不到

 測試結果

A 很明顯你是個不敢坦白的人。當然，不敢坦白的原因有很多，也許是太愛對方，怕對方生氣，也

許是存心欺騙對方，虛情假意也說不定。總之，選這答案的人不管是男還是女，都是在愛情心態上有問題的。

如果想要有健全完整的愛情，最好改掉這種不敢坦白的習慣，否則你將永遠找不到真正的愛情和情人。畢竟愛情是雙方心靈的契合，而坦誠是基本的條件。

B 你屬於心思細密很會為對方著想的人。因為不想讓對方失望、傷心，又不想讓對方有被欺騙的感覺，於是思量了一會兒，就會不惜一切地答應下來。一旦答應下來就會拼命地去完成，即使無法達成，也會誠心地告訴對方自己已經盡了力。

其實這種人肯為對方犧牲，可以說是最偉大的人，不過也是最辛苦的情人。

C 你是很理性的戀愛者，既不會抱有太多的幻想，也不會太現實功利，可以說是個有健康心態的人。不過，就是少了一點點浪漫，因為浪漫這種東西多少要有非理性的情意。

D 你是個很現實的人。這種人不會做白日夢，當然不切實際的事你也不會去做，尤其是有損自己利益的事，即使是面對心愛的人也會毫不留情地拒絕。或許這種人天生有什麼就說什麼，但是有可

能太直率了，常常會得罪人，甚至傷了情人的心。
所以跟這種人談戀愛，千萬記住不要有太多的幻
想，更不要常常撒嬌，否則會變成熱臉去貼冷屁
股，是很划不來的。

☆【戀愛心理學】

相愛的人不會因為一句分手而結束，更不會因為一
個錯誤而真的做到一次不忠百次不容。

相愛的人會在感情的曲折裡一起成長。一個曲折熬
了過去，愛就增長了一點，又一個曲折熬了過去，
大家便學會珍惜對方一點。一路下去，愛越來越深，
只會深深地愛著，懂得對方的好，不會再分開。

34. 另一半的外貌你在意嗎？

你做了一個夢，在夢中你看見遠方有一匹馬，憑直覺，你認為是什麼顏色的呢？

A. 棕色
B. 淺棕色
C. 白色
D. 黑色

A　對你而言，外在條件是很重要的。與心靈契合相比，有時候你更在意對方的長相。如果一個人真的跟你很合得來，可是他的長相卻讓你覺得很難接受，你一樣不會考慮，只會把他當成好朋友！

B 對你而言，外在條件固然很重要，但是如果這個人真的跟你心靈契合，無所不談，你還是會接受他的追求。因為你覺得外表可以靠打扮去改變，但是如果「心」不合，就算那個人長得很帥，那你也不會接受。

C 其實你不太在意一個人的外在條件。除非對方衛生習慣很差，差到臉上有鬍渣，牙刷不乾淨……你才會無法忍受。基本上，你在意的是一個人的心靈，這個人跟你有沒有共同的興趣和理念。彼此能夠互相信賴，才是最重要的。

D 你是一個標準的外貌協會會員。對你而言，一個人如果沒有靚麗的外表，就算他內在再怎麼美，你也只會把他當成朋友，而永遠當不了情人。因為你沒有辦法忍受別人說你的另一半長得不好看。

☆【吸引另一半的10個絕佳方案】

男人：真實、深刻、胸懷、敢為、風度、機靈、幽默、進取、浪漫、冒險。

女人：溫柔、善於思考、率性、涵養、神祕、小動作、懂點藝術、陽光膚色、性感著裝、香氛。

35. 你會因為什麼而換對象？

你要應徵電影幕後配音來養家餬口，你對哪種人的
聲音會比較有把握呢？

A. 滿口髒話的流氓

B. 生病咳嗽的老公公

C. 只會哭和笑的嬰兒

D. 無知單純的少女

E. 火車、摩托車的聲音

測試結果

A　對方出軌，你覺得被背叛時你會換掉另一半。你
非常愛面子，自尊心非常強。

B 對方脾氣古怪到你無法忍受時，你會換掉另一半。你很注重相處的品質，覺得隨和的伴侶對你來說是非常重要的。

C 你對他沒胃口、不想跟他親熱時，你會換掉另一半。因為嬰兒就代表最簡單的慾望，而成年人最簡單的慾望就是性慾了。

D 對方說謊你不再信任他時，你會換掉另一半。因為你的內心深處很想找一種像家人一樣的安全感。

E 只有在你自己變心愛別人時，你會換掉另一半。你認為愛不能勉強，所以當你覺得自己變心時，就會勇敢地放棄原來的感情。

☆ 【戀愛心理學】

你割捨不下的已經不是你喜歡的那個人了，而是那個默默付出的自己。

當你驚歎於自己的付出時，你愛上的人，其實只是現在的你自己。到最後，在這場獨角戲裡，感動的人，也只有你自己。

36. 你會背著戀人劈腿嗎?

在你看來,什麼樣的愛情才是你想要的?

A. 感覺到了,就在一起吧

B. 對方讓你有足夠的安全感

C. 對方雖然有一堆缺點,但是經濟實力雄厚

D. 即使對方家境貧寒,你也不會介意,因為你愛他(她)

測試結果

A 你可能會背著戀人劈腿

你是一個抵不住誘惑的人,一點誘惑就能動搖你的心,意志不夠堅定,如果對方熱情地邀請你,你可能就會陷下去。

B
你不會背著戀人劈腿

在你眼裡，你的戀人才是世間最優秀的人，你只對自己的情人感興趣，你的花心程度等於零，心裡除了他（她），根本容不下其他人。

C
你會背著戀人劈腿

對你而言，愛情是可以建立在物質條件上面的，當有更優秀的人出現時，你會毫不留戀地投入別人的懷抱，移情別戀對你來說乃是天經地義的事，而且你也不會有什麼罪惡感。

D
你沒有劈腿的勇氣

你並不花心，但是當現有的戀情讓你身心疲憊的時候，你偶爾也會有劈腿的念頭，會有種想逃脫的衝動，但是你欠缺行動的勇氣。

☆【戀愛心理學】

如果你愛一個人，請不要去和別人曖昧，因為那樣會傷害到你們之間的愛情，也會傷害到其他人。
曖昧只能填補內心一時的空虛，長久不了的，也是百害而無一利的。一份美好的愛情，是容不下一丁點的欺騙和虛偽的，更容不下曖昧。

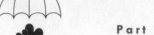
37. 你是否會帶給戀人傷害？

如果你有機會成為百萬富翁，你想擁有怎樣的豪宅呢？

A. 有超大私人游泳池的住宅

B. 樓層很高的住宅

C. 擁有超高科技的住宅

D. 有私人保全的別墅

E. 裡面奢華到不行，但外觀上看起來卻像普通的房子

測試結果

A 你人很好，在愛情上也一樣，你不喜歡別人因為你而受到傷害，如果好友跟你喜歡同一個人，你說不定還會大方地幫他們牽線呢。占有慾不強的你其實在感情上很容易寂寞，也容易獨自傷心落淚。

B 與其說你給對方造成傷害，還不如說你總是給對方莫名的壓力。擅長經營形象的你總有著獨特的魅力，讓對方想不注意都難。只是你莫測高深的態度，令人望而生畏，造成你的愛情總是後繼無力。

C 其實你算是非常幸運的，大多數的異性總是很難引起你的興趣，而你喜歡的那個往往對你有意思，這讓你的愛情總是事半功倍。

D 你以為自己隱藏得很好，甚至認為對方可能也喜歡你，但是，事實可能恰好相反，對方可能不怎麼喜歡你。其實這可能跟你本身的生活環境有關，你總認為旁人就是要順著你的意思去走。

E 你本身是個有點無厘頭的人，總給人另類、捉摸不透之感，或是別人根本不知道你在做什麼。所以你身邊有會注意到你跟不會注意到你的兩種人，感情上也是如此。

☆ 【愛情心理學：女人的愛情致命傷】

1. 不懂愛自己，在意別人會怎麼看。

2. 迷信愛情，超過了活著本身。

3. 太怕老。

4. 喜歡自憐。

5. 喜歡論人是非，傳播緋聞。

6. 缺乏風情，吝嗇幽默。

7. 熱衷攀比。

8. 過分敏感，心細如篩。

9. 遇到傷害難以自拔，抗打擊能力弱。

10. 容易自責，這分明是在慢性自殺。

38. 你的忌妒指數有多高？

現在有三個氣球並排綁在一起，你認為在紅色與藍色之間的氣球應是什麼顏色的？

A. 橘色

B. 黃色

C. 酒紅色

D. 綠色

測試結果

Ａ　你是個不折不扣的醋罈子，在戀愛過程中眼裡幾乎容不得一粒沙子，只要看見情人與異性交談或互動，就會心生忌妒，很容易因此和情人爭吵，

在家中也很容易因為父母的不公平對待而顯得不高興。你希望引起注意基本上是因為怕被遺忘。應該修正自身的態度，好好與身邊的人建立互信關係。

B 選擇黃色的你雖然不是個醋罈子，但是對於情人或朋友的一舉一動卻是相當敏感的，平日裡常藉機問長問短，而且不管情人怎麼說，你都會保持懷疑並且親自求證。你的忌妒心雖然只會在理性及合理的範圍內發作，不過這麼做其實只是因為面子的問題，你不想讓對方認為你沒安全感。

C 你表面上看是心胸寬大的人，其實你心中常常忐忑不安，對於感情會有所保留，而且很少失態，因為吃醋在你看來是相當幼稚的行為。而你的忌妒心只在關鍵時刻發作，如果情人只是無傷大雅地與其他異性「勾搭」，你通常會忍住不發作，而這經常表裡不一的壓抑，其實很容易給自己帶來壓力。

D 你幾乎不知道忌妒為何物，對情人絕對信任。但正因為如此，反而為對方製造了拈花惹草的出軌機會，應該多培養一些危機意識和合理的忌妒心。

☆ 【吵架時緩和氣氛的8句話】

1. 親愛的，我收回我說過的話。

2. 我錯了，我反應太過激烈了。

3. 我知道了，我應該傾聽。

4. 親愛的，我們歇一會兒。

5. 是我引發了這個誤會。

6. 寶貝，我們離題了。

7. 爭這些沒用的事情幹嘛，我去煮飯了。

8. 我們其實觀點一樣，只是我表達錯了。

39. 失戀的傷痛多久能痊癒？

你在屋裡，突然聽到自己家的窗台上傳來奇怪的聲音，你認為這時你家的窗玻璃是什麼情況？

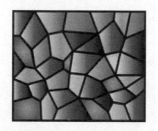

A. 玻璃中間裂了一條線
B. 玻璃裂成一片蜘蛛網
C. 玻璃全碎了
D. 玻璃完好如初

測試結果

你就像這塊玻璃一樣，表面看起來蠻堅強的，但是傷痕卻一直存在於你的心中，久久不能消退。對於好強的你來說，哪裡能夠忍受這種痛呢？所以你會將傷痛化為報復，讓自己活得更好，變得

更漂亮，讓他後悔。

其實你對他在某種程度上的依賴蠻重的，這樣的你要完全走出失戀的陰影，大概需要半年的時間哦！

B 你失戀後，會不斷地想起和他的種種過往，尤其在你感到寂寞的時候，思緒更是集中在往日的甜蜜之中，很難走出來。

不過還好，玻璃碎裂的情況越嚴重，則代表你心裡的傷痕復原得越快，所以事情會隨著時間漸漸淡去，不會太久的。但是也得耗個三個月左右哦！

C 你是一個很乾脆很豪爽的人，來得快，去得也快。你很容易因為小事或感覺立刻墜入情網，而當感覺不對了，必須結束戀情時，你也很能看得開。

選這個答案的你是最不令人擔心會想不開的。失戀當然使你難過，可能在大哭一場後，你又能積極地面對生活了。你只要大約三天時間，就可將傷痕平復了！

D 其實不是玻璃沒裂，而是你在心裡保持了它的完整性，不希望它破碎。這樣的你，失戀後非常不容易走出他的陰影，出了門也盡可能地在路人甲、乙、丙中搜尋和他相似的身影。你要完全走

出失戀的傷痕需要很長的時間，至少一年，甚至更久呢！

人是不能一直活在回憶當中的，奉勸你一定要拿出勇氣來擺脫這種情緒，迎接新的生活，否則下一段更好的戀情可是不會到來的！

☆ 【謝謝你離開我】

這輩子能夠相守固然好，無法相守，只是因為不適合。

有些你愛過的人的確只是個過程，他在你生命裡出現，是為了使你茁壯成長，使你學會珍惜和付出，使你終於知道這一生你想要的是什麼，你始終追尋的又是什麼。當天的墜落換來的是日後的提升，那麼，當時的痛苦也就值了。

40. 最容易吸引妳的情話

假設男友要送妳一幢房子，妳希望房子是下列的哪一種？

> A. 可以俯瞰夜景的高級大樓
> B. 可以每天泡溫泉的山區大廈
> C. 交通便利、與市中心有點距離，但又不會太遠的大廈
> D. 開車才能到達的郊區別墅

測試結果

A　妳最無法抗拒讚美及大膽的情話

妳是一個感覺派的人,喜歡的男人一定要比妳強,假如有男性懂得捧妳、不時地稱讚妳,並且說出他想獨占妳之類的大膽情話,妳很快就是他的了!

B　妳最無法抗拒有心機的情話

妳是一個異性緣不錯的女生,卻不一定能很快墜入愛河,關鍵在於妳蠻重視第一眼的感覺,而且也不喜歡愛意表達得太露骨且窮追猛打的男人,最容易追到妳的方式是帶點兒心機的方式,像是到KTV時,偶爾對著妳唱情歌之類的!

C　妳最無法抗拒關心的情話

妳的男友應該都是主動追求妳的吧!就算妳暗戀某人,妳也不會主動對他表白。這樣的妳,重視的是實質的精神層面,假如有一個男人在平常時候有意無意地表現他的關心,在妳最脆弱時又適時地伸出援手,將很容易得到妳的青睞。

D　妳最無法抗拒浪漫的情話

妳不喜歡全身沾滿銅臭味的男人,很重視男人對妳是否用心,但更多的時候是在浪漫的情境下,他的一段飽含感情的話,就把妳哄住了。

☆ **【請在夜晚說愛我】**

白天,人們要扮演社會角色,進行的思想活動都是有意識的。到了夜晚,人們從社會角色轉換到個體角色,成為屬於家庭、屬於自己的人,能夠較多地按個人意志來支配自己的活動。因此人在夜晚感情最豐富,如果在晚上求愛,人的心理防禦力會降低,感情更充沛,成功率也會比白天要大很多。

41. 你與有好感的異性發展到什麼程度了？

如果你和有好感的異性約會吃飯，那麼你們在進行浪漫的燭光晚餐時，會聊點什麼呢？

A. 體育／娛樂類新聞

B. 工作問題

C. 金錢觀念

D. 家庭觀念

 測試結果

你們之間的情感尚處於君子之交淡如水的階段。或許，在他（她）心中，值得交往的對象並不止

你一人，而且，他（她）對於自己的言行舉止相
當在意，還不會在你面前露出本性。

B 對方給人的感覺看似有情又似無情，雖然彼此每
次都相談甚歡，但總給對方若即若離的感覺，讓
人既期待又怕受傷害。

C 你們若不是對金錢斤斤計較的普通朋友，那麼實
際上你們之間已經是老情人的感覺了。

D 你們是一對心有靈犀的情侶，他（她）對你百分
之百地信任和愛慕，心靈的相契，使彼此更親密。

☆【女人和男人的三種關係】

第一種：平行關係。無論走多近，離多遠，彼此總
是默默對看的過客。

第二種：相交關係。越接近的時候，越興奮；其實，
相交過後卻越走越遠。

第三種：心電圖關係。有時離你很遠，有時離你很
近，但是你不用擔心，對方的心和根永遠在你身邊，
不曾走遠。

你對戀人吃醋持什麼態度？

假如有一天外星人入侵地球，想像一下，世界會是什麼樣的情景？

A. 世界各地都有戰爭

B. 有很多飛碟在上空盤旋

C. 人類與外星人竟然結成了友好關係

D. 世界末日

測試結果

占有慾和控制欲極強的你，也沒少吃戀人的醋。同樣，你也希望戀人能如此重視自己，當戀人表現出吃醋的態度時，你高興還來不及呢，你會從戀人吃醋的行為裡找到被愛的感覺。

B 其實你對於戀人吃醋的行為心裡面是非常歡迎的，但是表面上不會露出痕跡，會掩飾內心的喜悅，假裝嚴肅地指正，讓戀人改正。

C 你是一個不喜歡被束縛的人，也不喜歡戀人對自己的事情問東問西，過多的管束會讓你覺得煩躁，若雙方能保持適當的自由空間，你還會偶爾做出一些引起戀人注意的事情呢。

D 你是一個很在意別人看法的人，當戀人吃醋時，你會先瞭解到底是發生了什麼事情，但是唯一不允許的是，對方在很多人面前失控吃醋，這樣會讓你覺得丟臉。

☆【女人喜歡用假意來轉移真心】

女人在戀愛時，常常希望自己的男友說「親愛的，我永遠離不開妳」這類的甜言蜜語。然而男人很少瞭解這一點。正因如此，女人才會有意無意地在男友面前對其他男人表現出友好，企圖激起男友的醋意，但現實中往往適得其反。因為，大多數男人對女人的這種「移情」會信以為真。

43. 你的愛情在哪裡等你？

如果可以，你會把愛情比喻成什麼？

A. 汽水

B. 泡沫

C. 歌曲

D. 糖果

測試結果

你的愛情大多邂逅在你懷念的地方，例如母校，或者以前居住的城鎮，可以的話多回去走走，緣分機遇說不定就在那兒。

B 可以在你平時經常活動的地方下手，例如工作的地方、咖啡廳、常去的超市等，在熟悉的地方就有安全感，就能放鬆，更能表現出你的魅力所在。

C 你的戀情很有可能發生在旅行的途中，在夏天的海邊、遊樂場所或是國外的景點，都是很有可能發生愛情邂逅的地方哦，最重要的是要多出去走走。

D 有人氣的地方就有機會遇見愛情，只要有聚會，都可能有丘比特出現，反正你出席就對了，多接觸不同類型的人，希望就會更大一些。

☆【戀愛心理學】

決定要不要愛這個人的時候，不妨拋開一切，先問問自己是不是真的被這個人吸引，失去對方自己會不會一輩子遺憾，如果是，那就勇敢去愛吧，何必為了一些有的沒的犧牲掉自己的愛情呢？

愛情一點都不複雜，複雜的是人們對一段感情有太多的目的，比如婚姻、財產、前途、虛榮心，甚至其他……

44. 折信紙透露愛情祕密

你折信紙一般習慣採用的是哪一種折法呢？

A. 較為隨意的花式折法。

B. 對折，再對折一次。

C. 橫折，把信紙上對方的稱呼露出來，讓收信人一眼看見。

D. 折成小方塊，在信封中只占一點位置。

A 你是個情竇初開，對愛神的降臨充滿渴望的清純少女（少男）吧！你折信紙的方式看上去隨心所欲，其實頗費思量，不用說，是希望以此取悅對方，對嗎？或者，你可能是個情場老手，懂得利

用怎樣的方式打動對方，那你真是夠聰明的人！
不管怎樣，你對愛的期盼是正常的，且你能刻意
為對方帶來小驚喜，真是個性情中人！

B 你個性活潑，爽朗大方，做事有板有眼，成功率
較高，你身邊絕對不缺少同性和異性朋友。但你
把愛情看得嚴肅有餘而情趣不足，雖然你人緣不
錯，談戀愛卻會遭遇不少的坎坷。

C 你是那種招人喜歡的大眾情人型，在戀愛中，總
能設法讓對方感受到你的好，讓對方如沐春風般
心情愉快。儘管因為你太過用心而不免讓人感覺
你不夠真誠，但是，畢竟你對愛是執著、全力以
赴的，天長日久，任何人都會為你的癡情所打
動，會轉而深深地愛上你。

D 坦率地說，你心思細密，是個占有慾較強的人！
對於朝思暮想的愛情，你寄予了太多期望，一朝
降臨身邊，就恨不得死死地將之抓牢，讓對方永
遠屬於你「一個人」！
由於你醋勁十足，因此很緊張對方的一舉一動，
即使對方無意間看別的異性幾眼，都會搞得你疑
神疑鬼、神經兮兮的好幾天！你明知控制欲太強
會把雙方的關係搞得很緊張，那為什麼還偏偏要
這麼做呢？還是學習自然地、坦誠地面對一切吧！

☆ **【怎樣做個懂事的女朋友】**

1. 在人多的場合，不要跟他抬槓。

2. 有時學會沉默。

3. 在眾人面前要收起自己的本性。

4. 不要反覆說同一個問題，即使是他的錯。

5. 說話要有依據，不該開的玩笑不開。

6. 對於他過去所做的，不管對錯都不要再提，因為
   那只能代表過去。

45. 你愛情裡最大的障礙是什麼？

你在房間睡覺的時候，聽到客廳有摔碎東西的聲音，你第一時間想到的是什麼？

A. 風太大導致的

B. 小貓淘氣了

C. 窗外的小鳥闖進屋裡

D. 有賊進入屋內

A 你與戀人之間缺少溝通，戀愛的時間並不代表瞭解的程度，多點溝通，或許還能挽救岌岌可危的愛情。

B 你性格倔強，在意見發生分歧的時候，從來不會委曲求全，但是愛情是雙方面的，要學會讓步，學會體諒。

C 你對戀人過分依賴，長期下來，給戀人帶來很多壓力，令雙方都感到痛苦。

D 你對戀人不完全信任，總是懷疑戀人的真心，一點蛛絲馬跡也能讓你們吵個沒完。

☆【戀愛心理學】

女人只要管好自己就很了不起了，幹嘛要去管男人呢？

聽話的男人不用管，不聽話的男人管也管不了；對你好的男人不用管，對你不好的男人不會讓你管；愛你的男人不用管，不愛你的男人輪不到你管。

46. 從眼神看戀人變心與否？

請問對方的哪種眼神會讓你愛上他（她）？

A. 純情又單純的眼神

B. 有一點壞、酷的眼神

C. 崇拜你、視你為偶像的眼神

D. 挑逗你、迷戀你的眼神

E. 看你看到發呆的眼神

A 你會因為戀人讚美別的異性，或是和老情人聯絡而打破醋罈子。如果戀人真的移情別戀，你根本無法忍受，而且你在妒忌心發作後，會不僅憎恨

戀人的背叛，更討厭與戀人有關聯的其他異性。
建議你不要過分忌妒，因為那樣只會傷害你自己。

B 你在妒忌心發作時會做出一些可怕的事，事後連
你自己都覺得不可思議。你無法忍受戀人變心，
因而容易做出許多衝動的事來傷害自己和對方。
切記感情是不能勉強的，放過戀人也等於放過你
自己。

C 你的妒忌心不太強，因為你有很強的自戀傾向，
所以當戀人移情別戀時，剛開始你可能會傷心難
過，但會在最短的時間內讓自己重新振作，努力
散發出自己的魅力和電力，然後再找一個適合自
己的人。

D 當戀人移情別戀時，你那蠢蠢欲動的心會讓你忘
掉對方帶給你的痛苦，並以最快的速度去發展一
段新戀情。你覺得對方移情別戀已經令你很沒面
子了，若還要為此傷心難過，那真是天底下最無
聊的事情，還不如再次享受戀愛的甜蜜滋味呢！

E 當得知戀人背叛你時，你那慢半拍的反應會讓傷
害降到最小。你最好選擇離開一陣子，去旅行或
是換個工作，也可多交一些新朋友，這些都能令
你的生活有所改變，你也不會再去鑽牛角尖了。

☆ **【兩性心理：面對女人，男人喜歡拐彎抹角】**

女人問：「你真心愛我嗎？」「你更愛我還是她？」

通常，他會笑著看著她反問：「妳說呢？」

當你向一個人索要一個答案時，如果對方遲疑3秒鐘

以上，往往，他最終給出的那個答案並不是心裡真

實的答案，而是為了取悅你而刻意描畫過的答案。

47. 你能分清愛和喜歡嗎？

如果在街上被要求填寫問卷，那麼以下哪項你會選擇謊報呢？

> A. 姓名
> B. 電話
> C. 年齡
> D. 婚姻狀況

測試結果

A 要你愛上別人是需要時間的，你認為要給對方清楚的交代。假如隨口說說，不僅會讓對方受傷，你也必須承擔這個責任。

你更願意向對方表明「喜歡」的感覺，也讓對方

知道「喜歡」是怎樣的交往程度，給彼此寬闊的空間，慢慢培養感情。進可攻，退可守，到時候說再見，也不會太傷感；假如能繼續發展，也算是水到渠成。

B 一開始，你只會在心中肯定你是喜歡對方的，但是不會輕易說出「我愛你」這三個字，因為那對你而言是很重要的一件事，你必須要考慮清楚，才可以許下承諾。

你很看重自己的感情，在投入前，總會陷入長長的思考，思索你和對方的適合度，等到你確定那真的是你想共度一生的伴侶時，你的心就會放在對方身上，毫不動搖。

C 當你開始喜歡對方的時候，會認為那就是愛。你實在是純情得不得了，希望把自己的所有都奉獻給那個人，身邊的人很容易可以察覺你又陷入熱戀狀態。　被你愛的人實在很幸運，你不會隱藏自己的感覺，勇於表達愛意，對方知道你的愛是不會輕易改變的，所以很有安全感。

D 你對於「喜歡」和「愛」的定義完全不清楚，說明白點，是根本不在意。對方愛聽什麼你就說什麼，對你而言，沒有界定的必要。

你不怕說「愛」，那絕不會為你帶來負擔，因為

你想走就走，不認為需要為自己說的話負責。老情人如同翻過的書頁，展開戀愛新的一頁後，對過往你便不復記憶了。

☆ 【喜歡與愛】

所謂喜歡，是喜歡對方能帶給你的快樂。所謂愛，連同會愛對方所帶給你的痛苦。一個人時時出現在你身邊，也許僅僅是喜歡你。

一個人在每一個你需要他出現的時候出現，那他一定是愛你的。

48. 突然被甩，你的反應是什麼？

你的另一半突然和你說分手，你決定把他寫給你的情書丟掉，你會選擇什麼方式去丟呢？

A. 隨手就丟到垃圾桶裡

B. 把情書小心包紮好再丟

C. 把情書折一折再丟

D. 把情書揉成一團再丟

E. 把情書撕碎再丟

 測試結果

A 一刀兩斷，分就分了吧！你是一個很乾脆的人，痛苦歸痛苦，你才不想在分手後還傻傻地當一個付出感情的人！想得開的你，覺得好聚好散。

B 獨自品嚐悲傷。你是一個心思細膩、浪漫的人，大概從沒想過會有分手的一天！你會為分手流下不少眼淚，獨自品嚐悲傷的滋味，雖然要埋葬過去，不過，屬於你們的戀情會在你的心底藏上好一陣子才能釋懷！

C 捉摸不定，比較情緒化。捉摸不定的特質，大約也是對方覺得難以相處的原因之一！你其實是很體貼溫柔的，只是需要學著控制EQ，要不然走到分手的地步才想挽回，就真的太遲了。

D 你的分手方式會是很決絕的。你性子急又愛面子，斬釘截鐵的分手多少是一時任性所致，不過事後你會很後悔，並試著去挽回，但在他的眼裡就很像是在死纏爛打了。

E 遇到分手這樣令人傷心的事，就會引爆你性格中暴力的部分，如果你的分手狀況令你很不堪，你甚至會想採取手段來報復。看開一點吧，相信還會有更好的人在等你呢！

☆【分手不代表什麼】

一段感情的成功與否，不是看是否還牽手，而是看感情的品質。很多時候牽手不代表成功，分手不代表失敗。關鍵是看在這段感情中，是否做到了兩點：你是否更瞭解自己的需求，你是否已學會去疼愛別人。

49. 從一個KISS便知他的情史

他第一次是如何親吻妳的呢？

A. 蜻蜓點水式，點了一下就分開了

B. 抱緊妳瘋狂激吻

C. 輕吻妳的額頭

D. 親吻妳的耳朵，輕咬妳的耳垂

測試結果

A 輕微的碰觸也許會讓妳不滿，認為他太沒有情調。但這種沒自信的表現背後是他的經驗不足，或許妳剛好是他的初戀情人，他害怕太過粗暴的行為會讓妳產生抗拒，所以一直表現得膽小謹慎。他是純情的男人，所以，不要責怪他。

B 從他的接吻方式可以看出,他絕對是情場老手。可是,男人有幾任前女友並不重要,重要的是此刻的他有幾個女友。

有過豐富情史的男人,深懂女人心。在妳們的戀愛交往中,他會時常給妳一些驚喜,製造很多的浪漫時刻,妳只需盡情享受妳們的浪漫愛情。

C 他是一個很善於照顧人的男人。從這種男人的接吻方式中,妳可以推測到他的前女友肯定是一個小鳥依人的女人,容不得半點傷害,就像女人等待著父親的關愛一樣,時刻以水汪汪的大眼睛看著他,等著他的關懷。

跟這種男人在一起,妳會發現,他會把妳的生活安排得有條不紊,十分妥當,妳不需要為了生計四處奔波。

D 他是極具洞察力的人,很容易就能瞭解別人的心事和痛苦。這種男人,之前在感情上肯定受到過傷害。當他再投入一段感情的時候,他就會緊緊咬住不放鬆。

在感情上,他敢愛敢恨,也很會利用別人達到

自己的目的。他會為了得到妳的青睞想盡一切辦法。不要覺得這種男人真可怕，他這麼做足以表現他對妳的愛是真誠的，不然的話，他絕對不會費盡心思來吸引妳的注意。

☆【親吻】

跟女孩初吻如何不被抗拒，並且感到甜蜜呢？女孩都是矜持的，因此不要急著把嘴湊上去，可以先吻額頭，然後鼻尖，接著是耳朵或臉頰，最後才吻嘴唇。

這樣的步驟可讓女孩舒緩緊張的心情，使初吻順理成章，並且她會欣賞你的貼心。畢竟，浪漫也是一種禮貌。

50. 男友的另一面潛藏怎樣的危險？

　　想知道妳男友的另一面潛藏怎樣的危險嗎？那就找機會隨口問問他喜歡妳的原因，看看他回答的是什麼：

> A. 喜歡妳的溫柔順從
> B. 喜歡妳開朗的性格
> C. 喜歡妳的漂亮
> D. 喜歡妳的聰明
> E. 喜歡妳有氣派
> F. 喜歡妳的能幹

測試結果

A 　這種男人，一般來說是坦率的，對女友的性格特別重視，將溫柔的女人視為心目中的理想情人。

其潛在的危險性是，不允許女友同其他男人來往，女人稍有不從，他便會大發雷霆。這一點，往往使女友難以忍受，因而成為兩個人分手的重要原因。

B 這種男人一般也是開朗的。因此，他要求女友誠懇對待自己，一切坦白。如果他認為女友有什麼不坦白之處，便會憤然離去。既不提出質問，也不要求解釋，使女人有時感到茫然，甚至陷入失意之中。

C 這種男人具有強烈的占有慾，愛把自己的觀點強加於他人，一旦認為女友違背他的意願，便會加報復。兩人在劇烈衝突之後，將各走各的路；更有甚者，他在分手之後還會詆毀前女友。

D 這樣的男人有責任感，有勇氣，計劃周詳。開始交往的階段，他也會盡其所能幫助妳，但隨著雙方的關係趨於親密，如果妳表現得不如他聰明，他幫助妳的熱情就會降低，甚至表現出不耐煩的情緒。他還會將一些他認為妳能做到而實際上妳無法完成的工作推給妳，以發洩他的失望心情。

E 這種男人喜歡趕時髦，感覺敏銳，對新鮮事物特別感興趣；對女友的服裝式樣、髮型都特別注

意，喜歡在這些方面發表意見。這種只重外表的另一面便是虛榮心，如果妳不能滿足他這一點，他便會抱怨。

這種男人大多是事業上的強者、生活中的弱者。他有強大的自信，而對女友則抱著居高臨下的審視態度；他也會承認在家務方面不如妳，但這種承認帶著一種傲慢的態度，內心並不承認這是什麼缺點。

☆ **【男人心底的6個小祕密】**

1. 男人的痛苦往往只有他自己知道。
2. 男人都有向女人傾訴的潛在慾望。
3. 離異的男人通常不會單身太久。
4. 在未婚男人的心目中，女孩就是女孩；在已婚男人的眼裡，女孩就是女人。
5. 男人感到最滿意的事情就是被女人理解。
6. 男人都喜歡會撒嬌的女人。

51. 約會地點看情侶的感情祕密

仔細想一想，你和戀人約會時最常去的地方是哪裡？請選擇以下最接近的答案

A. 人潮湧動的旅遊觀光區
B. 到廣闊無垠的海邊戲水，看落日
C. 空氣清新、怡情養性的郊外或森林中
D. 聲光迷離、喧嘩熱鬧的舞廳或歌廳

A 你們是一對表面上吵吵鬧鬧、紛爭不斷，內心裡卻依賴甚深的戀人，所以，看似不太融洽的你們，一輩子和和睦睦的可能性卻很大。實際上，

對於戀人的挑剔與偶爾的埋怨，你們都會一笑置
之，吵吵嘴正是你們增進感情的良方。

一般情況下，外界的閒言閒語不會影響到你們的
融洽且會一直信任對方。

B　郎才女貌的你們，志趣相投，個性上都開朗、熱
情、大方，關係相當融洽——表面及內心都是如
此。對於未來，你們有著明晰而現實的規劃，並
努力為之奮鬥，一步一個腳印地前進。

雖然偶爾之間會有些小麻煩，但衝突一過，你們
又很快和好如初，共同沐浴在愛的雨露中。

C　表示你們都是有個性、有主張的人，修養深厚，
對愛情投入很深。對於你們來說，愛情更多地在
於精神上的相知相容，所以多對另一半抱著欣賞
的態度，大體上較為融洽。但是，由於你們各有
各的想法，個性要強，在一些無關緊要的事情上
卻免不了口舌之爭，甚至彼此傷害。

把愛情看得過於嚴肅，且經常自以為是的話，對
你們雙方都不好。

D　你與對方都有冒險精神，比較前衛，喜歡追求富
有刺激性的生活。但是這些燈紅酒綠、紙醉金迷
的場所，誘惑頗多，很容易讓人迷失自我，在不
知不覺中淡化了彼此的情感。

可以說，你和你的另一半感情尚未穩定，融洽度上也差了一些。奉勸你，收起一些「野性」，多抽點時間跟對方單獨相處！

☆ 【可以增進感情的地方】

1. 酒吧。光線昏暗和私人距離可以增強親密感。酒後彼此增加了更多的幻想，感覺男的更帥，女的更美。

2. 可以看煙火或夜景的地方。黑暗會使人沒有安全感，如果有強光出現會使彼此感到溫暖浪漫。

3. 可以看恐怖電影或坐雲霄飛車的地方。心跳加速的感覺會被誤認為愛情。

52. 你喜歡什麼樣的浪漫愛情？

　　如果有一款以你的名字命名的冰淇淋，那麼你覺得在冰淇淋上加什麼點綴，會讓它看上去更漂亮、更吸引人呢？

> A. 小甜餅
> B. 草莓碎粒
> C. 彩色巧克力豆
> D. 核桃片

測試結果

A 香脆、吃後口齒留香的甜餅暗示著快樂的戀愛。你希望擁有和他一起運動、一起遊戲，彷彿朋友般的明朗戀愛。重視心靈契合勝於身體結合的柏拉圖式戀愛關係，是你的理想。

B 草莓是一種最能代表少女情懷的水果。酸酸甜甜有點冒險的戀愛，或有如童話般的愛情，都是你所嚮往的，你所追求的是與帥氣的異性交往，並能展開一段浪漫的愛情，但這一切好像不太實際。

C 彩色巧克力豆，咬下去後，口中滿是甜美。你希望能和許多異性交往，體驗不同的浪漫，例如今天和甲在網球場約會，明天和乙去郊遊，你有點不太腳踏實地。

D 核桃片一口咬下去，人立即被模糊的鹹味和香味包圍。核桃片代表成人的口味，你所夢想的是成人式的戀愛。在海灘上大跳迪斯可的小孩子遊戲已經結束了！你希望的是與比你年長的異性在飯店喝雞尾酒，在他的體貼照顧下，自己也能夠逐漸成長。

☆【當節日不再浪漫】

很多女人抱怨「他」不會浪漫過節。其實，只有缺失幸福和愛的人才會寄太多期望在節日上，希望在節日裡收穫驚喜，憧憬浪漫，而往往越奢望越失望。當你擁有了穩定的幸福時，節日不再特別，因為平常日子遠比節日多，平日的幸福更重要。平常心對待節日，不被節日牽絆心情才好。

53. 美食測你的失戀反應

某天朋友帶你去吃海鮮料理，剛端上來的四道菜都是你喜歡的，你會選擇先吃哪道？

A. 小龍蝦

B. 麻辣烤魚

C. 牛蛙火鍋

D. 鮭魚生魚片

測試結果

你喜歡保留雙方的私人空間，該瘋該感性的時候你會很投入，該理智的時候你也會拿捏得相當好。你會盡力挽回一段可能消逝的愛情，發現不是自己想要的你也會主動放手，所以失戀不太容易對你造成太大傷害。

B 你本身是個很感性的人，對於感情你會毫無保留地全心投入，所以你也最不容易走出失戀的陰影。專情不是不好，只是對方有時會被你如影隨形的愛情攻勢弄得有點喘不過氣來，不得已選擇離開。給對方多點信任與自由，你也可以很幸福。

C 你失戀的原因通常是不夠專注。你給對方的時間太少，甚至占用了你們彼此約會的時段，讓對方覺得你不夠愛他（她），因缺乏安全感而離去。所以失戀的話，你會很難過，甚至會覺得莫名其妙。解決方法並非沒有，應適時溝通，給對方關懷，並製造浪漫。

D 你很重視公平原則，即便是戀人，你也不會一開始就投入所有感情，是屬於慢熱型的人。對方的離去通常是因為你表現得很無所謂，而你的反應則是很生氣地大罵對方不懂愛情。不過如果遇到和你有相同理念的戀人，你們就會恩恩愛愛到永遠。

☆ 【失戀的痛苦來自恐懼】

失戀其中的一種痛苦來自恐懼，恐懼一個人生活，恐懼對方跟別人過得更快樂，恐懼失去一些早已變成習慣的關心，恐懼自己不夠優秀，恐懼找不到一個好過自己一直認為很爛的人。

54. 舊愛與新歡，你更愛哪一個？

情人節的時候，你最希望在什麼地方慶祝？

> A. 有情調的西式餐廳
> B. 古色古香的中式餐廳
> C. 家裡，吃燭光晚餐
> D. 旅遊

A 你愛的是新歡，以前的那段感情經歷了那麼多，已經讓你有厭倦感，不管曾經是多麼愛那個人，你都絕對不會回頭，愛得起，放得下。

B 你愛的是舊愛，雖然偶爾會有小摩擦，但是不會
改變你對舊愛的感情，新的還不如舊的好，一切
都是最熟悉的感覺，你非常清楚自己的心是放在
舊愛身上的。

C 你一直處於糾結狀態，因為舊愛與新歡你都喜
歡，誰都放不下，吻著新歡又想著舊愛，牽著舊
愛又想著新歡，舊愛新歡都想得到，可惜魚與熊
掌不可得兼，最好儘快搞清楚自己的心意。

D 舊愛與新歡你都不愛，因為你愛的僅僅是錢，能
真正征服你的，只有財富，你認為生活是需要物
質來支撐的，所以你願意捨棄情人，為錢狂奔。

☆【你還記得你的初戀嗎】

人們對初戀的快樂時光總有難以割捨的情懷。不過
研究顯示，初戀的美好時光恰好是未來婚姻幸福的
障礙。

人們往往會把初戀的激情當作評判未來感情生活的
標準。為了幸福婚姻，請淡忘初戀！

55. 妳在戀愛上有什麼缺點？

以下哪種花給妳的印象最深刻呢？

A. 藍色的玫瑰
B. 黃色非洲菊
C. 金色鬱金香
D. 白色滿天星

A 妳就像花蝴蝶一樣富有魅力，無論走到哪裡都深受異性歡迎。就算妳已經有了戀愛對象，還是會情不自禁地亂送秋波亂放電哦！妳管不住自己的心，總以為下一個對象會更好，所以任何機會妳都不會白白錯過，甚至會主動製造與別的異性搭訕的機會！

B 妳開朗活潑，喜歡結交不同類型的朋友，來自五湖四海的對象都能引起妳的關注，可以說，妳的哥兒們遍天下哦！儘管妳在人際交往上左右逢源，但卻不會讓異性留下想要跟妳談戀愛的印象，女生太豪放對異性來說可是很可怕的，誰知道妳跟哥兒們之間會延伸出怎樣的故事呢？

C 美麗又矜持的妳外在條件和內在條件都相當不錯，但卻給人一種高不可攀的錯覺，或許是因為妳老是裝出一副對戀愛漠不關心的樣子，所以就算有人真心喜歡妳，也只限於暗戀，並不會對妳敞開真心正面表白喲！如果妳想要談一場甜蜜的戀愛，唯有解除偽裝，放下架子好好跟對方相處，不妨主動一點，戀情才會順利發展下去！

D 充滿活力是妳最大的特點，妳愛跟朋友黏在一起，女孩子在一起就喜歡聊八卦、逛街、研究化妝技巧和服裝搭配……玩過這些遊戲之後的妳，似乎已沒有空閒時間談戀愛了，妳身邊的同性朋友要比異性來得多，妳好像並沒多少接觸異性的機會！

☆ 【這樣的女孩最招人愛】

1. 懂事，知道什麼時候該撒嬌什麼時候該疼惜你。

2. 融入你的生活圈。

3. 她絕不在你的同事、家人、朋友面前提你的缺點。

4. 她需要你的肩膀，但不會凡事都依賴你。

5. 她不會總要求你先讓步。

6. 她和你一起參加聚會時，會打扮得漂亮但不妖艷。

7. 看到女人圍著你轉，會吃醋，但不會無理取鬧。

"Love will keep us alive"

察言觀色的祕訣──
一秒鐘看穿他人的祕密

人可以掩飾自己的意識，卻無法掩飾自己的潛意識。語氣語調、坐相站相……都在時時刻刻透露主人的真實想法。此時，洞察各種弦外之音便是「察言觀色」的關鍵所在。

看穿他人的祕密，你可以在溝通中掌握主動權，更準確地對他人進行評價，更貼心地與他人進行對話，更好地把握交往的尺度。

01. 他（她）的名片是怎樣設計的？

名片的產生就是為了交往，尤其是現在這個社交頻繁的社會，想要給人留下深刻的印象就需要別出心裁，所以人們喜歡在這小小紙片上大做文章。從一張精心設計的個人名片上我們可以推測出對方的性格、喜好、志趣。

你不相信能從小小的名片上看出這麼多東西？沒關係，做完下邊的這個小遊戲你就清楚了。他（她）的名片是以下哪種？

A. 傳統的直排型

B. 文字集中在左下側的直排型

C. 文字不按常規排列的直排型

D. 傳統的橫排型

E. 文字集中在下側的橫排型

F. 有橫線的橫排型

G. 文字不按常規排列的橫排型

測試結果

A 選擇這種款式的人待人和善、通情達理。他（她）在集體中儘量不引人注目，行事因循守舊，很少失誤，受人信任。

B 如果對方是女性，那她不喜歡張揚自我，凡事謙虛，是一個重視感情的人；如果是男性，則是一個性格溫和、待人寬容、會照顧他人的人。

C 此人性情孤僻，厭惡群體生活。但是他（她）往往毅力過人，能夠投入大量時間專心於一項常人感覺枯燥乏味的工作。他（她）性格古怪，不過藝術家一般不都這樣嗎？

D 此人常標新立異，喜歡做有創意的事，比如設計、策劃等。他（她）較通情達理，與別人合作共事的意識強烈，碰上他（她）是你的福氣。

E 他（她）屬於最重視外表的類型。他（她）總是盡可能地給人留下好印象，希望得到較高評價，平常大手大腳，愛慕虛榮，經常入不敷出。

F 他（她）屬於感覺敏銳的人，但缺乏付諸實踐的勇氣。但是他（她）往往因過於壓抑自己，而白白放走良機。

他（她）是自我表現慾望強烈的人。他（她）厭惡做常識性思考和採取因循守舊的行動，總是想做一件令人驚奇的事。假如想和他（她）交流就需要自己多做一些犧牲了。

☆【名片效應】

指在人與人的交往中，如果表明了自己與對方的態度和價值觀相同，就會使對方感覺到你與他有更多的相似性，進而很快地縮小與你的心理距離，更願同你接近。

掌握「心理名片」的應用藝術，對於人際交往以及處理人際關係具有很大的實用價值。

02. 從借錢反應看你朋友的個性

你有沒有向朋友借錢的經歷？有沒有注意到他（她）的反應呢？

A. 馬上拿出錢包，有多少就借你多少

B. 雙手交叉胸前，問你要借多少

C. 手摸著鼻子或遮著嘴巴，說他（她）也沒帶錢

D. 雙手放在背後，慢條斯理地問你需要借多少

測試結果

A 這種朋友對你來講是難得的患難之交。這種敦厚老實的人不多了，如果你誠心對待這種人，那麼不管你借多少次，他（她）都會借給你的。

B 這種朋友雖然嘴巴上問你要借多少錢,但是心底有一百個不願意。他(她)的雙手會不自覺地交叉胸前,是在暗示你最好不要借。

C 他(她)的動作很明顯地表示根本就不想借你錢。他(她)會摸摸鼻子或遮著嘴巴,這些都是人在說謊的時候會有的下意識動作。

D 在講話時把雙手藏在背後的人,很明顯不會對你坦誠。他(她)會把雙手藏在背後,就是怕他(她)的手會不聽使喚地露出潛意識的信息。

03. 他喜歡什麼樣的生活方式？

　　如果你和朋友一起開車出去遊玩，那麼他會選擇哪一種開車方式？

A. 怎麼坐都行

B. 不喜歡擁擠，開兩輛車

C. 不管如何他都要坐在出租車右門邊

D. 和你一起擠在後座

E. 獨自一人坐在副駕駛座位

測試結果

　　A 他性格隨和，平易近人，對朋友的求助多半不會拒絕，是個典型的「老好人」。可以說，他的生活經常被家人、朋友所安排，一生倒也順風順

水。如果能拿出一點主見和個性來，他會更受歡迎。

B 他慷慨熱情、豪爽，因而頗討人喜歡。但另一方面，他也愛好享樂，有奢侈浪費的傾向。此外，凡事都力求最佳的個性會使他的生活很累。

C 他喜歡簡單的東西，討厭過於煩瑣的程序。基本上不會顧及別人的眼光，會做他喜歡做的事，生活中有懶散的一面，做事力求方便。

D 他喜歡和朋友們在一起，害怕孤獨。他常和朋友們聊一些八卦話題，很多時候他會表現得很無助，需要人照顧，給人一種不成熟的感覺。

E 他天生具有領導者風範，愛好自由，敢作敢當，基本上朋友一有事，他就會兩肋插刀，通常他的身邊會有一群擁護者。

04. 從髮型看出她內心的祕密

她現在留的髮型或者她喜歡的髮型是？

A. 高貴柔和的長髮

B. 簡單清爽的中長髮

C. 呈現不對稱美感的俏麗短髮

D. 突顯輪廓之美的新穎短髮

測試結果

 基本上她充滿了自信，不太可能會有嫉妒心。對情人推心置腹的她不相信會有第三者出現在他們之間的。倘若真有，她也會全然不在意。

B 她不是很有自信，在感情上總是戰戰兢兢。她很容易因為他人的閒言碎語而對另一半產生懷疑，半信半疑又不願直截了當問個清楚。

C 她是極有主見、自尊心極強的新潮女性，面對愛情，一發現另一半猶豫不決或者有了第三者，絕對是立即分手，絕不戀棧。

D 她在愛情中的占有慾、嫉妒心十分強，不容許另一半與異性過於親密。一旦發現愛情即將逝去，她會用盡全力加以挽回，說什麼也不願分手。

☆【心情不好？去理髮！】

義大利心理學家萊森斯等人發現，理髮是調節心情的好辦法，有助於趕走抑鬱情緒。理髮時，人的頭皮受到刺激，能增加大腦血液供應，還可刺激大腦中樞釋放讓人心情愉悅的化學物質。

坐在理髮椅上，會強迫你進入一種被動、安閒的狀態，使心跳呼吸都慢下來，情緒自然也就好轉了。

05. 一句話，看出他是什麼樣的人

每個人都有自己的口頭禪，簡單平常的詞句，卻能看出一個人的性格特徵。下面不妨來試試，選出他的口頭禪。

A. 説真的／老實説／的確／不騙你
B. 應該／必須／必定會／一定要
C. 聽説／據説／聽人講
D. 可能是吧／或許是吧／大概是吧
E. 但是／不過
F. 我只告訴你
G. 我早就知道了

測試結果

他有擔心對方誤解自己的心理，性格有些急躁，內心常有不平，希望別人能夠相信自己。

他自信心很強，很理智，為人冷靜，認為能夠將對方説服，令對方相信。「應該」説得過多時，

也反映了有所動搖的心理。長期擔任領導職務的人，易有此類口頭禪。

C 用這類口頭禪者，有給自己留有餘地的心理。他的見識雖廣，決斷力卻不夠。處事圓滑的人，易用此類口頭禪。

D 他的自我防衛本能甚強，不會將內心想法完全暴露出來。在處事待人方面很冷靜，工作和人事關係都不錯。此類口頭禪也有以退為進的含義，從事政治工作的人多有這類口頭禪。這類口頭禪隱藏了自己的真心。

E 他有些任性，總是提出一個「但是」來為自己辯解，「但是」是為保護自己而使用的。也反映了他溫和的特點，這樣說顯得委婉、沒有斷然的意味。從事公共關係類工作的人常有這類口頭禪。

F 經常說這種話是不成熟的一種表現。這樣做的目的有二：第一，以這種方式，討好他人；第二，向他人炫耀自己知道這個祕密。實際上，像這種輕易洩漏祕密的人，是不會獲得他人的信任的。

G 他有強烈表現自己的慾望，在談話中常常覺得自己是主角，用這句話來表明自己知識面比較廣，什麼都知道。但對他人卻缺少耐性，不是一個合格的聽眾。

06. 握手的祕密

握手是社交中的一種基本禮儀，你可以和身邊的人握一下手，看看他是怎麼握的：

A. 握得又長又緊

B. 在手掌搔癢

C. 握一下而已

D. 握時手掌微濕

E. 握手無力

F. 用兩手握

G. 不握手

測試結果

A 這是一種測驗支配力的方法。假使對方比你先抽手,那你便曉得可以比對方更有耐力,與對方交涉時可以有較大的勝算。你經常使用這種方式,會因此獲得對方重大的讓步。

B 這種偷偷摸摸的行為是男人所為,這種方式很直接,令人厭惡。目的在於告訴那位女士,你對她有性愛方面的幻想,而且希望得到她立即的回應。

C 在社交場合,你表現得輕鬆自在,但內心卻很多疑。你不吃任何虧,假使別人突然變得很友善,你腦中便立即閃出小小的紅色警訊。你會和對方周旋一會兒,用來發現對方真正的企圖和動機。

D 你表面上冷漠平靜,內心卻是個十分緊張的人。你被教育過要隱藏自己的缺點或心中的恐懼,危機發生時,人們經常向你求救,或請你出來做領導,其實他們並不瞭解,你可能比他們還怕上幾百倍。

E 對你而言,生活像一台蒸汽壓路機,彷彿要搾乾你的活力。你像典型的受害者,最大特點就是軟弱和猶豫不決。人們經常在認識你3秒鐘後,就把你給忘了,這點令你十分失望。

F 你用雙手握著對方的手,是因為你實在很高興認識對方。無論對方是男性或女性,你都會親吻和擁抱對方。有些人可能會抱怨你太過熱情,但最後,這些人都大吃一驚,因為他們發現自己居然也用同樣熱情的態度回應你。

G 你偏好自己過生活,儘量避免和別人有肢體上的接觸。假使你避免與一位同性握手,表示你害怕對方有同性戀傾向;你不和異性握手,暗示你對性行為和過剩的性能力懷有恐懼。

從吃相看野心

又到了吃火鍋的季節，和三五好友一起吃火鍋之際，可別只顧著埋頭吃，偶爾也注意一下大家的吃相，你可以從中觀察出人的野心！他的吃相是？

A. 一邊加料一邊吆喝著大家吃

B. 只加自己愛吃的料

C. 靜靜地吃，很少參與加料的行動

D. 吃吃停停，有喜歡吃的東西才動筷子，很少有加料的行動

測試結果

A 他看起來很像大哥，很多事情你可以去找他商量。不過千萬別把牽涉個人利益的事情和他分享，因為他身經百戰，你是無法一眼看透他的，一旦有利害關係，你被唬了都還不自知呢！

B 他很乾脆正直，不會耍什麼心眼，若有什麼疑難雜症，找他準沒錯。不過他通常很難保守祕密，如果你有不想被公開的私事，最好別向他透露，否則隔天你的祕密就成了眾所周知的新聞。

C 他有點神經質，對人和事抱著一種敏感的態度，所以你的心思不用言語就會被他猜個正著。當你對他吐露心事時，大可放心，因為他不但是個專業的傾聽者，也會為你守住該守的祕密。

D 他行事一向小心謹慎，連聊八卦的時候都很精明。如果你有什麼不可告人之事被他知道的話，你無須擔心，因為他是「只進不出」的八卦倉庫。他有時真的蠻健忘的，所以往往會成為祕密的終結者。

08. 他在拍照的時候手是怎樣擺放的？

你觀察過嗎，他在拍照的時候手是怎樣擺放的？

A. 雙手抱胸

B. 雙手下垂

C. 或雙手叉腰，或手反剪在身後，挺起肚皮；或一手叉腰，一手放在某個物體上

D. 肢體舒展，笑容自然

E. 沒有過多的表情與動作

測試結果

生人勿近的防禦型

A
這種人往往事業還未起步或剛剛起步，對於未來充滿希望，但並沒有萬事皆在掌握之中的確定

感。這種姿勢暗示自我保護、自我鼓勵，並沒有攻擊性。

B ## 小心翼翼的退縮型

這種人很沒自信，唯恐被周圍的人看不起，團體活動時總是坐最靠後面的位置，除非被點名才往眾人眼光焦點處靠近。這種人內心很在意別人的看法，但因性格內向，喜歡獨處，往往與他人溝通不順。

C ## 指點江山的尊長型

這種人通常處於事業興盛時期，頗有人生閱歷，對自己信心滿滿也很有把握或控制感，為其拍照的人可能是其下屬或學生或尊重他的人。

D ## 笑對人生的釋放型

這種人此時可能對現狀非常滿意，或是否極泰來，對人生起伏已能一笑置之。

E ## 一本正經的謹慎型

這類人可能事業家庭四平八穩，也是對事業、家庭認真、謹慎的表現。

09. 他喜歡什麼電視節目？

據你瞭解，他喜歡看什麼電視節目呢？

A. 喜劇性節目

B. 戲劇性節目

C. 有獎遊戲或猜謎式節目

D. 家庭倫理方面的連續劇

E. 恐怖或罪案故事片

F. 綜合性娛樂節目

G. 體育節目

H. 新聞或紀錄片

測試結果

A 他大多會利用幽默感去隱藏內心真實的情感，表面插科打諢、漫不經心，內心卻熾熱如火；他對生活要求不高，家庭觀念重，同時個性比較含蓄。

B 他自信心強且富有冒險精神。此類人英雄主義色彩極濃，好急人之難，卻比較霸道，喜歡領導和左右別人。

C 他智商高，推理能力強，對任何問題都能冷靜分析，愛尋根究底。這樣的人對於無知和愚蠢最不能忍受。

D 他愛幻想，是非分明，極富正義感，為人處世極有分寸。

E 他好奇心重，好勝心強。凡事能夠貫徹始終，全力以赴，喜歡追求刺激，不會甘於平凡。

F 他凡事只看好的一面，最能體諒別人，樂觀開朗，心地善良而不記仇。

G 他競爭心極強，喜歡接受挑戰，壓力越大，表現越佳；做事謀定而後動，計劃周詳，而且盡力追求完美。

H 他喜歡參與，不喜歡做旁觀者，是一個好奇心重的優異分析家和交談者。

☆ 【看電視的祕密】

定時看電視的人，生活有條不紊，對朋友彬彬有禮，寬宏大量，是可靠的人。

而喜歡一邊看電視一邊吃零食的人，則是聽天由命的樂天主義者，待人隨和，往往只看到事物美好的一面，希望過無憂無慮的生活。

10. 從拿杯子姿勢看他的前程

他在喝茶或者其他飲料的時候，手拿玻璃杯的姿勢是怎樣的？

A. 手握杯的底部
B. 雙手一起握住杯子
C. 經常搖著杯子
D. 一邊拿杯一邊用手指夾著筆
E. 拿著玻璃杯的上方
F. 緊握玻璃杯的中央

測試結果

A 他頗為神經質,容易為一些小事就表現得很不高興,不過他多半具有藝術家的天分,在這方面很有前途。

B 他頗為孤獨,不喜歡跟人交往,即使要出席交際場合,也是獨來獨往,這會給他的人際交往帶來障礙。

C 他的個性非常好動,喜歡參加一切團體活動。他對任何新事物都感興趣,好學習、研究,也相當受朋友歡迎,相信他的未來會相當美好。

D 他對自己充滿信心,將來在事業上會相當成功,但一定要做些自己感興趣的工作。

E 他的性格非常爽朗、樂觀,對前途及未來均充滿自信。

F 他的適應能力很強,對人亦非常友善,樂於助人。朋友託他做的事,他一定會盡力做到,容易被人賞識。

11. 一眼看出他是不是在說謊

你在和他閒聊時,他有以下動作嗎?

A. 捂嘴
B. 碰鼻子
C. 揉眼睛
D. 摸脖子
E. 抓耳朵
F. 東張西望

測試結果

A　說明他可能正在說謊。

B　有這種動作的人是為了掩飾心中的慌亂，或是希望轉移對方的注意力。

C　這麼做為的是在說謊時避免與對方視線接觸。

D　這種動作是為了掩飾說謊行為，也代表了懷疑或不能確定的意思，

E　這是成年人以不經意間使出的動作來掩飾自己的忐忑不安。

F　代表他膽小、怕事，也說明他根本就不會說謊。

12. 從走路方式看他的事業功名

觀察周圍人的走路方式到底是怎樣的呢？

> A. 腳尖先著地
> B. 腳板著地
> C. 腳向內彎行
> D. 腳跟先著地

Ⓐ 小人型

步行時邊走邊用腳尖踢地，吃飯或休息時，以腳板及腳跟不時在打拍子，如與這種人合作做生意必慘敗收場，如和他做知己，只會留下慘痛教訓。有這種壞習慣的人，宜及早矯正。

B 成功型

行路步幅不大不小，步行時雙腳不會左搖右擺，腳跟及腳板一起落地。這種人做事穩重，做事多，說話少，可望少年即一飛沖天，亦有貴人扶助。

C 失敗型

行路步小，雙腳向內彎行，腳跟少許著地。這種人做事全無信心，為人懶散，如不改變缺點，會晚年孤獨。

D 事業型

腳步闊大，腳跟先接觸地面者。這種人做事充滿信心，事業上少年得志。

☆【腳是離大腦最遠的地方，也是最容易反映人真實內心的地方】

譬如，有三個男人站在一起，表面看來他們在專心交談，誰也沒有理會站在一旁的漂亮女孩。但實際上不是這麼一回事，每個人都有一隻腳的方向對著她。也就是說，每個人都在注意她。他們的專心致志只是一種假面具。

13.

談話時，看清他的心思

你和一個好友到咖啡廳談事，他的姿態通常是：

A. 雙手枕在腦後，身體向後仰

B. 雙手握在胸前，肘放在桌上

C. 蹺著腿，頭仰起喝著咖啡

D. 頭稍低下，眼睛斜視別處

測試結果

他不是跟你非常熟，就是很自我的人。他這種姿態，很明顯是在暗示他不想聽你說話。如果你們不是很熟的話，那就是他對你有意見，故意要給你難堪，因為這種姿態在談話的場合是非常不禮貌的。

B 他基本上是一個很好的談話者。除了很專心地聽你講話之外，他還準備好了要和你討論，而且是迫不及待地要發言。通常這種人是屬於比較好勝的人，一旦有什麼話題，他一定要發表自己的意見，甚至一定要跟你唱反調，他才會高興。

C 他對你是有防範的，處於自我防衛的狀態；同時暗示他不想再聽你講話，因為藉著仰頭喝咖啡的動作可以暫時離開你的視線。如果對方有這樣的動作，那你最好改變話題，不然就是請他說，進而改變他的態度。

D 暗示這個人正在想一些不可告人的事，或許他是不同意你的說法，又或許他是在想如何回答你的問題。如果你碰到了這樣的人，那你要小心他的想法。

☆ 【說話技巧】

1. 對沉默寡言的人：有一句說一句，一字千金。

2. 對炫耀的人：讚美多於10次。

3. 對優柔寡斷的人：多用肯定性語言。

4. 對知識淵博的人：真誠聆聽，讚美。

5. 對慢郎中式的人：配合他的步調因勢利導。

6. 對急性子的人：說話簡潔明瞭，不拖泥帶水，馬上切入要害。

14. 如何根據腳步聲判斷他人？

平時可以留意一下身邊的人，他的腳步聲有什麼特徵？

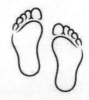

A. 腳步聲有節奏感

B. 腳步聲沒有節奏感

C. 腳步聲輕微

D. 腳步聲響亮

E. 腳步聲漫長

 測試結果

A 他開朗、外向、平易近人，不會輕易拒絕接近自己的陌生人；他辦事乾淨利落，不拖泥帶水，有著很高的工作效率，是個非常難得的工作搭檔。

B 他意志力不堅定，無法勇往直前，精力集中不起來，所有追求理想的行動大都化為泡影；還有一些人可能是脊椎歪斜，壓迫內臟，引發了身體的慢性病，這應排除在外。不能僅從腳步聲來判斷別人的性格。

C 他帶有「貓」的特性，有很高的警覺性，對外界的人和事總是嚴加防備，對善意的接近也採取拒絕的態度；他城府亦較深，不允許他人越雷池一步。

D 他非常自我，有時堅信自己的觀點就是真理，結果會產生偏執的想法，若指導了行為，會導致不良的後果；他的領導欲強烈，喜歡支使他人，自高自大，目空一切，不易與人合作。

E 他傲慢，以自我為中心，對他人的感受和評價不理不睬；凡事只考慮自身的想法和利益，損人利己、顧小不顧大是他的特性，因而不容易被集團歡迎和接受。

☆ 【沒事走兩步】

一般情況下，要判斷對方思想的彈性如何，只要讓他在街上走兩步，就能瞭解了。例如大步流星的人一般不注意周圍的一切，受先入為主思想的約束，想法缺乏彈性。而溜躂遊玩式的人，對周圍的各種訊息及任何事情，都能彈性地接受。

15.

從愛吃的食物也能看出性格

據調查，人的性格與食物口味有著密切的關係。那麼，你注意過他平時喜歡吃什麼嗎？

A. 大米

B. 麵食

C. 甜食

D. 酸味食品

E. 辣味食品

F. 鹹味食品

G. 油炸食品

H. 清淡食品

測試結果

A 這樣的人經常自我陶醉，孤芳自賞；對人對事處理得體，但不善合作。

B 這樣的人能說會道，誇誇其談，從不考慮後果及影響；意志不堅定，做事容易喪失信心。

C 這樣的人熱情開朗、平易近人，但平時懦弱，缺乏冒險精神。

D 這樣的人有事業心，但性格孤僻，不善交際，遇事愛鑽牛角尖，沒有知心朋友。

E 這樣的人善於思考，有主見，吃軟不吃硬，有時愛挑別人身上的小毛病。

F 這樣的人待人接物穩重，講究禮節，做事有計劃，埋頭苦幹，但比較輕視人與人之間的感情，有點虛偽。

G 這樣的人勇於冒險，有幹一番事業的願望，一旦遭遇挫折，便灰心喪氣。

H 這樣的人注重交際，願意接近他人，希望廣交朋友，不願單槍匹馬去冒險。

16. 從吃玉米看個性

他（她）通常是怎樣吃玉米？

A. 由一頭開始吃
B. 從中間下手
C. 折為兩半再吃
D. 切成小段再吃

測試結果

Ⓐ　他（她）是個不拘小節的人，只要他（她）喜歡，就沒有什麼不可以，所以也就不會在乎別人的看法，想做就去做。在別人眼中，他（她）充滿活力、積極、有行動力，凡事一定打頭陣率先行動。

B 絕大多數人屬於這種吃法,屬於一般型。他(她)平常與人相處都保持距離,不會去侵犯別人的隱私,也有能力保護自己,通常不會自己貿然行動,看看別人怎樣做後才做決定。

C 一般女孩子多屬於此類型,屬於比較謹慎的類型,這類型的人時時都很在意別人的眼光,所以也不喜歡引人注目,當然在團體中比較不會表達自己的意見,內向而順從。

D 他(她)是個很神經質的人,非常情緒化,總是讓人摸不準他(她)的脾氣。由於喜歡追求物質上的享受,所以顯得虛榮而浪費,東西都要吃好的、用好的,儲蓄對他(她)來說似乎是不太可能的事情。

17. 身體動作最能見人性

　　說話時的身體動作可以作為表達情感的輔助工具，也可以從中窺出一個人的性格特徵。所以要想深入瞭解周圍人的真實情感，可以從他們的一舉一動入手。

　　你留心過他（她）說話時的習慣嗎？

A. 點頭

B. 東拉西扯，頻頻打斷別人話題

C. 心不在焉

D. 趁人不注意窺視他人

E. 凝視對方

F. 動作誇張

G. 喜歡目光接觸

H. 坐立不安、精力充沛

測試結果

A 這種人比較關心別人，知道給予配合的重要性。在生活和工作當中，他（她）也是願意向他人伸出援手的人，能夠尊重對方的弱點，在內心深處體貼朋友。

B 這種人傾向於冒進，不夠穩重，給人一種毛頭小子的感覺，很少有人會和他（她）長時間地交流，所以他（她）很少有真正的朋友和可以依靠的人。他（她）往往會虎頭蛇尾，所以千萬不要把全部的希望都寄託到他（她）身上。

C 這種人屬於精神渙散型，外在表現是辦事拖拉，得過且過，接到手的任務往往不了了之，毫無責任感，終身難以有所成就。

D 這種人屬於心術不正的類型。他（她）自身根本就沒有什麼特長，卻總是想著能夠一鳴驚人。現實當中很少有人願意理會這些空想家，這使他（她）的自尊心受到很大的傷害。為了實現自己的白日夢，他（她）工於心計，善使機關。

E 凝視是一種意志力堅定的表現，不管是男人還是女人，都顯示他（她）是充滿力量的強者。其實大多數人凝視他人，只是為了想看穿對方而已，並無實際攻擊意圖。

F 他（她）按捺不住熱情和好強，認為光靠言語不足以表達心中的感情，必須加一些動作來表達自己的想法，以引起他人的注意。其實他（她）內心深處極度敏感和不安，因為他（她）無法確定這種方式能否被別人認可。

G 他（她）充滿了自信，性格直爽，從不懷疑自己的動作會給他人帶來不快。做事專心，懂得為他人著想，儘量滿足大家的要求。他（她）懂得禮貌在交際中的作用，能夠把握分寸，非常適合需要面對面進行交流的工作。

H 這種人給人一種事業型的感覺，而他（她）也正是按照事業型來打造自己的。他（她）疲於奔命，造成了極度的緊張，使自己無法專心於分內工作，結果得不償失。

18. 從信用卡樣式看他的謊言

在每個人的皮夾中都有好幾張信用卡的當下，他擁有多少張塑膠財產？仔細留意他所擁有的信用卡的圖案，究竟是哪一種占多數？

A. 卡通或玩偶圖案
B. 政治或偶像人物肖像
C. 慈善捐款卡
D. 品牌聯名卡

測試結果

A 他說謊的內容總是千奇百怪，理由更是跟著想像力走，天馬行空，比編劇還厲害。他自己編得不亦樂乎，別人卻拿來當笑話聽，因為真的太離譜了。

B 他說謊的內容，可以用四個字來形容，就是「正大光明」。能被他拿來當擋箭牌的，總是冠冕堂皇，例如明明是因為打牌晚睡，他卻能說成是因為照顧生病的祖母，從「理」字上和氣勢上就先聲奪人，讓別人不敢當面質疑，只能私下偷偷懷疑。

C 他謊言的內容，多半是訴之於情，由情字出發，讓別人因為同情而相信。其實只是想捉弄一下別人，證實一下自我的聰明才智，看自己的謊言是怎樣瞞天過海的。

D 他謊言的內容多半是以自憐為主，陷於其中不可自拔。別人信不信是一回事，說久了，他都被自己的謊言催眠了，連自己都有幾分相信，成為游移在事實和謊言之間的迷途羔羊。

19. 從點菜方式測試他是什麼性格

你和朋友到了餐廳準備點菜時，他都是怎麼點的呢？

A. 不管別人，只點自己想吃的菜

B. 點和別人同樣的菜

C. 先說出自己想吃的菜

D. 先點好，再視周圍情形變動

E. 猶猶豫豫，點菜慢吞吞的

F. 先請店員說明菜的情況然後再點菜

他是個樂觀自大、樂於享受、有點自私的人。

B 他是個順從型的人，沒有自信，往往忽視了自我的存在。

C 他性格直爽、胸襟開闊，即使有時說話尖刻，也不會被人記恨。

D 他給人的印象是軟弱、小心謹慎的，在工作和交友上易猶豫。

E 他小心謹慎，拘泥於細節，缺乏全局意識。但他的謹慎往往是過分考慮對方立場所致。

F 他自尊心強，討厭別人的指揮，總是堅持自己的主張。他做任何事都追求不同凡響。

☆ 【飯局四部曲】

1. 開場話題：宏觀經濟、房市、股市、歐債。

2. 拉近距離：名人八卦、祕聞。

3. 故作高雅：個人愛好、紅酒、名車、名錶、藝術收藏。

4. 私人話題：健康、金錢、女人。

5. 以上次序不能顛倒。只談第一點是工作關係，能聊到第四點就是哥兒們！

20. 等人，擺什麼 POSE

　　假定你約會遲到了20分鐘，這時從對方等候的姿勢或動作，可以看出他（她）的真心話。因為這也屬於一種肢體語言。

A. 一隻手捂嘴
B. 雙臂交叉胸前，不耐煩的樣子
C. 一隻手擱在另一隻手上
D. 目光投向遠處或附近，手在插口袋中
E. 不停地看看手上的錶，立在原地不動
F. 不斷地來回走動，並不停地搓著雙手

測試結果

A 表示早到久等之後，他（她）已感厭倦。他（她）心生焦急，但又想打消不安的情緒。一見你來到馬上綻開笑容，說明他（她）對你的熱度相當高。

B 這是排斥的動作。怎麼搞的？這麼晚還沒到！這種人耿直、個性頑固，多為大男人主義者。

C 這種姿勢女人較多。她溫順善良、有耐心，雖然久等，也不會光火。但她的依賴心很強。

D 有耐心是他（她）最大的優點。他（她）最大的缺點是原則性不強，對自己的觀點不夠堅持，有的時候就會顯得有點軟弱。

E 這種人對工作認真負責，對朋友盡心盡力。在感情生活中，他（她）對另一半的要求是落落大方、極有分寸的。

F 標準的急性子！雖然他（她）精力充沛、鬥志高昂，卻常常因為草率急躁而做錯事情。在和朋友的相處中，雖然真心誠意卻又粗枝大葉，往往因為一時的心直口快傷害了朋友卻不自知。

☆【愛遲到的人都挺固執】

心理學家指出，成為大家眼中「遲到大王」的人，實際是表達了他們渴望關注的態度，他們希望得到重視，成為人群焦點。這類型的人通常像長不大的孩子，個性固執很難接受他人意見。

21. 從醉酒方式看透愛情觀

　　你知道嗎，原來醉酒之後的模樣能夠反映出他的愛情觀！你知道他醉酒之後是屬於以下哪種情形嗎？

A. 喋喋不休

B. 把憋在心裡的委屈説出來，大哭一場

C. 直接倒頭大睡

D. 藉著酒勁高歌一曲

測試結果

A 他總是表現出對愛情毫不在乎，其實他是一個真性情的人，往往假裝矜持而錯過了很多的戀愛機會。

B 他是一個情感豐富的人，對愛的人很癡心，他不會在乎對方的背景以及過去，重要的是他自己真的愛上了對方。

C 他一個專情的人，原則性很強，一旦愛上，就會瘋狂地投入，不顧一切地付出，不求任何回報，只求可以永遠愛著對方。

D 他是一個不善於表達內心情感的人，對感情總是表現得羞澀、慢熱，其實他的內心是熾熱的，就等待勇敢打開心扉的那一刻。

22. 穿衣顏色能透露他的內在性格

「他」經常穿的衣服是什麼顏色？

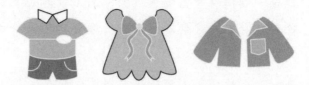

A. 紅

B. 藍

C. 黃

D. 綠

E. 白

F. 黑

測試結果

A　他喜歡運動，很受大家歡迎，感情很熱烈，只是脾氣稍微暴躁了點。要對他告白可借助於朋友傳話。

B 他是不太會表現感情的人，覺得與其和很多人打鬧還不如一個人靜一靜。積極地和他聊天，他就會打開心扉了。

C 他是有精神追求的開朗型男生，單純，有點孩子氣。對他直接告白最有效果。

D 他是個性沉穩、有很好品味的人，每個人都對他有好感。最好能與他有共同的興趣，先從朋友做起吧！

E 他是頭腦靈活、有點神經質的人，很浪漫。可以把你的心情寫成詩寄給他與他分享。

F 他是寡言、老實的人，可以在安靜的地點，只有你們兩人時向他告白。送他有品味的手帕或錢包等東西，也是不錯的辦法。

23. 服飾風格透露他的個性

　　從衣服可以看出一個人的信心值，你發現他穿的衣服中，樣式最多的是哪一種？

> A. 單色，款式簡單的服飾
> B. 寬大的襯衫或T恤
> C. 顏色鮮艷或是樣式誇張華麗的服飾
> D. 最新流行服飾

測試結果

Ａ　他是一個很自信的人，但不是態度上的咄咄逼人，而是堅持自己的想法。無論別人如何唆使和蠱惑，他都不為所動。

B 他表面上看起來很好說話，其實很固執。因為他的內心是封閉和害羞的，冷漠是他用來掩飾害怕的方式。

C 看起來他好像有旺盛的表現慾望，其實這只是他掩飾內心不安的武器。他是個有點神經質的人，一點事就可能有過當的反應。

D 他是那種外表自信，內在卻很空虛的人。他會隨波逐流，但是又不能完全理解其中的道理。

☆【穿寬鬆衣服有助於舒緩壓力】

心理學家研究發現，嚴肅、偏硬的物品會導致沉悶、消極的情緒。因此，脫下正式的新裝，換上軟軟的舊衣服，心情自然變好。另一方面，舊衣物能勾起人的懷舊感。

這是一種特殊的回憶方式，可以緩解孤獨感，提供心理支持。

24. 透過吃相選男友

妳的「他」用餐的時候會：

A. 主菜、配菜與醬汁混合在一起吃
C. 先玩玩食物
B. 先撒調味料
D. 先吃配菜

 測試結果

A. 這種男人一般會鍾愛女強人。他不喜歡自己決定
事情，所以才想找一個可以保護自己的女性。

B 這種男人一般不考慮別人的意見，思想怪異，控制欲與權力慾很強，很多時候都會很不講理！主張「男人做男人的事，女人管好自己的廚房」！

C 這種男人是讓人愉悅的好老公。他性格開朗，具有很強的同情心，很會交際和為人處世，喜歡與人分享。

D 這種男人什麼事都會為自己著想，超級自私，也很少和人傾心相交。

25. 唱歌透露個性

他在KTV裡，是如何唱歌的？

A. 閉上眼睛忘情地歌唱，一直霸占麥克風

B. 歇斯底里，扯著嗓子大聲唱，唱一會兒，喝一
　　會兒，會主動把麥克風給別人

C. 細聲細氣地唱，顧及形象，通常會調原唱音

D. 一邊嗑瓜子，一邊小聲跟著別人哼調子，自得
　　其樂

測試結果

A 他一定是個感情豐富而坦率的人。當他遇到熱衷的事物就會一頭扎進去，不去理會別人的看法，惹得大家嫌棄或躲避他他還不知道呢！

B 他平常太壓抑了，所以才會在唱歌中盡情地發洩出來。基本上會這樣唱歌的人比較豪放，也懂得照顧別人的感受。他不是一個非常自我的人，對家人朋友都關愛有加，只是自己壓抑了許多不開心的事，不願意告訴別人，怕別人擔心，所以唱歌的時候也會發洩出這種情緒。

C 他一定是頗有生活情趣的人，不喜歡呆板的事物，比較善變。他屬於熱情的典型，會去追求自己的所愛。他愛表現，又怕出醜，是個非常顧及形象以及面子的人。

D 他是一個有個性的人，自我意識很強，不和別人搶麥克風唱，自己哼著歌開心就好！他心態豁達，從不斤斤計較。他人緣比較好，身邊的人都喜歡和他玩！

26. 髮型與性格

對於經常從事公共活動的人來說，保持一個得體的髮型是很重要的，他（她）的頭髮(髮型)屬於下面哪一類？

A. 頭髮粗直、硬度高

B. 頭髮濃密而且很黑

C. 頭髮稀少，並且髮絲很細

D. 頭髮自然捲

E. 稍禿

F. 頭髮總是梳理得很齊整光亮

G. 頭髮自然隨意，沒有明顯的修剪

H. 經常留短髮

I. 喜歡趕時髦，留時尚髮型

測試結果

A 他（她）為人豪爽，行俠仗義，不拘小節。他（她）對朋友總是光明磊落，不會耍小聰明，是很好的患難之交。

B 他（她）做事有條理，很有智慧，懂得發揮自己的長處，有理想，有抱負，是典型的事業型人才。

C 他（她）心機很重，會打算，算計事情一絲不苟，喜歡把事情規劃得很仔細，缺乏氣概和寬容心。

D 他（她）有很強的個性，喜歡表現自己，常常給別人帶來意想不到的驚喜。

E 他（她）做事很勤奮，對待工作認真，對自己分內的事具有很強的責任感。

F 他（她）很注重外在形象，甚至有點虛榮愛面子，對事物也比較挑剔，喜歡吹毛求疵，有點完美主義傾向。

G 他（她）對外表的東西不看重，看重內在。他（她）是工作狂，拚命工作，希望獲得上司的認可。

H 他（她）做事乾脆直接，可能會比較驕傲，常會滿足於自己的現狀。他（她）看重自己的感受，以自我為中心。

I 他（她）的小資情緒比較重，喜歡他人的誇獎和表揚，總想趕在事物的前面。年輕人表現會很前衛，中年人則會很有活力，喜歡和別人溝通，有著處理人際關係的良好技巧。

27. 頭部動作是最有價值的信號

你在和他交談時，他的頭部動作是怎樣的？

A. 抬頭與你說話

B. 低頭與你說話

C. 把頭歪在一邊與你說話

D. 一邊點頭一邊與你說話

E. 一邊搖頭一邊與你說話

測試結果

A 他抬頭與你說話，顯示他對你表現出足夠的重視，會認真地聽你的講話，並且希望維持這樣的交談方式。但是如果頭部抬得過高，也許表示他有些高傲與輕浮。

B 正常情況下，當人們在對某件事件表示否定或不滿的時候，會把頭低下。這個時候，你應該調整與他的談話了。同時，把頭低下也是一種缺乏自信的表現。

C 把頭歪在一邊，表示他不會給你帶來威脅，更不會攻擊他人。一般來說，那些能力強、趾高氣揚的男性不會輕易歪頭。

D 緩慢點頭表示他對你的話產生了極大的興趣；而快速點頭則表示他對你們的談話感到不耐煩，希望終止這場枯燥的交談。若點頭的動作與談話的內容不符則表示對方不專心或有事情隱瞞。

E 當他在搖頭時，心裡的潛台詞是「這不是我想要的」「你不要這麼做」。

☆【出賣性格的小動作】

1. 邊說邊笑──性格開朗，知足常樂。
2. 掰手指節──愛鑽牛角尖。
3. 腿腳抖動──很少考慮別人，對人吝嗇。
4. 拍打頭部──有開拓精神，樂於助人。
5. 擺弄飾物──內向，做事踏實。
6. 聳肩攤手──會享受生活，為人誠懇。
7. 抹嘴捏鼻──愛捉弄別人，常處於被支配地位。
8. 常常低頭──慎重派，討厭過分激烈的事。

28. 交談中，你注意過他的下巴嗎？

　　下巴的動作不容易被人發現，也不容易隱藏，因此，它成為解讀心理密碼的突破口。你在和他交談時，他的下巴有什麼細微的變化？

A. 下巴抬高，並根據說話者的變化而做出調整

B. 下巴收回，並壓得很低

C. 下巴和說話者的頭部保持一致

D. 下巴會隨著說話者目光的變化而發生變化

測試結果

Ⓐ　他性格直爽、坦誠，討厭虛偽，喜怒哀樂都表現在臉上。但有時會因為鮮明的態度而得罪人。

他有旺盛的生命力,生機勃勃,思維活躍,行動迅速,是新事物的開拓者。

B 他最容易被輕視自己的人所說的話或做的事氣得暴跳如雷,他會以自己的實際行動和輕視自己的人一決高下。

他對自己的情緒沒有控制力,會對任何一個人大發脾氣。他性格直率豪爽,不喜歡耍心機。

C 他性格溫和,即使對不喜歡的人也只是態度冷淡,可是生起氣來就跟平時判若兩人。其實他心裡都看得明明白白的,只是不喜歡與人爭論罷了。

D 他沉穩、踏實,明理重義,有很強的原則性。他為人處世謹慎小心,一般不會發脾氣,通常不鳴則已,一鳴驚人。

低調做人是他的準則,是值得信賴的人。

29. 戴帽子方式透露他的真實個性

他一般是怎麼戴帽子的？

A. 將帽簷往上或往後退把額頭露出來

B. 把帽子用力向前拉，使眉毛和眼睫毛都被帽簷遮住

C. 戴得端端正正，四平八穩

D. 當帽子戴好後，再向左或向右拉

測試結果

A 他的個性比較輕佻、高傲，容易自滿和放縱，日常生活無條理，做事吊兒郎當，缺乏恆心，難有大成就。

B 他的個性不是深沉而憂鬱，就是暴躁火辣，性格的反差很大，一般都很難與人和平相處。

C 他的個性比較正直，富有進取心，不怕困難，做起事來很細心，也很負責任，不容易出錯。

D 他的個性比較活潑開朗，天真善良，沒有心計，而且有幽默感，屬於樂天派。

30. 從吃蘋果看個性

　　在吃蘋果時，他有什麼特別的習慣或喜好嗎？相信嗎，這些習慣或喜好無意間會暴露他的一些個性小祕密。

> A. 一定要把皮削乾淨，切成一小塊一小塊的，並裝在盤子裡，美美地吃
> B. 把皮削一削不切就吃
> C. 把皮擦一擦或洗一洗就直接啃
> D. 懶得啃，喜歡打成汁

測試結果

他是個不容易跟現實妥協的人，無論在什麼狀況下，他都希望能夠維持自己的標準，並且極力和環境對抗，所以有時他會覺得累。

B 他對自己有一定的標準，當發生衝突時，他會努力地為自己而戰，但當事實勝過理想時，他也不會太過堅持。有時會覺得自己白忙了一場了，所以應該好好地權衡一下，再去實行。

C 他很愛惜自己，當現實的力量大過內心的標準時，他通常很快地屈服，避免自己內外受煎熬。這種人做事的確是圓滑了些，會在這個現實的社會裡，得到一片生存的天地。

D 他對自己其實沒有什麼標準，就是一味地讓自己隨波逐流。這有好有壞，與世無爭，但也容易被人利用。

☆ **【超過5個，你就是有青春活力的人】**

1. 吃西瓜喜歡用湯匙挖。

2. 喜歡在蚊子咬的包上掐一個十字。

3. 喝飲料喜歡咬吸管。

4. 喝流行的飲料。

5. 想問題的時候喜歡咬手指或嘴唇。

6. 寫字的時候喜歡轉筆。

7. 喜歡靠窗的位置。

8. 吃蘋果不削皮。

31. 放錢習慣透露性格

　　錢對於每個人來說都是非常重要的，他平時習慣怎麼放錢呢？

A. 把錢放在錢包裡

B. 隨身帶一堆錢

C. 只帶大面額的紙幣

D. 把錢弄得皺皺巴巴的

E. 把錢放在上衣口袋裡

F. 把錢塞在後褲袋裡

G. 喜歡摸硬幣

H. 一板一眼地把錢折起來

I. 從來不帶現金

測試結果

A 如果說花錢是一些人的樂趣的話，那麼對他來說，把錢放在手中更讓他高興。但這並不說明他不喜歡花錢，只是他對花錢的衝動稍微克制了一些。

B 這是那些不安的人緩解擔心的一種措施，觸摸到結結實實的一沓錢，這種快感會讓那些害怕失去的人心安理得。

C 他總是喜歡談論大面額票子，以顯示自己屬於精英階層的一員，這是一種表達自我的方式。

D 他在弄皺錢的時候，只是在增加錢的體積。生活中他沒有足夠的錢，於是內心存有某種惱怒。另外，也許他是對秩序害怕，所以喜歡把錢揉得亂七八糟的。

E 這是他保證安全感的一種方式。另外，那些把錢放在上衣口袋的人，也有一種需要，就是他可以時常摸到那些錢。

F 他下意識地拒絕看到鈔票，哪怕冒著錢被偷走的危險。但他會經常檢查錢包還在不在。他很有耐力和定力。

G 硬幣代表著歷史和男性,在中世紀,錢包被稱為
「錢囊」,跟睪丸是同義詞。在摸硬幣的同時,
他也重溫了作為小男孩的感覺。

H 這種做法是典型的老年人的特徵。他把錢折起
來,再展開,他在這個過程中會懷有一種深深的
敬意。

I 這種情況通常出現在那些富人身上。他對虛擬貨
幣會產生一種美妙的幻覺,認為信用卡象徵著一
種無盡的淨財富,擺脫了紙幣的低廉和庸俗。

☆【如何控制購物慾望】

美國心理學家做了一項實驗:

他們在第一組女性的錢包裡放了20張100元鈔票,給
第二組放了100張20元鈔票,給第三組放了200張10
元鈔票。

3小時後,第二組的消費額度比第一組少30%,第三
組比第二組少38%。由此可見,小面值鈔票能有效
控制女性的購物慾。

32. 透過唇膏形狀看女人的性格

仔細觀察一下身邊的女人，她的唇膏呈什麼形狀？

A. 光頭形

B. 內凹形

C. 一邊形

D. 淺盤形

E. 半圓形

小小的光頭說明唇膏的主人堅毅果斷、精力充沛，辦事目的性強。

這種女人有幽默感，但同時又認真、敏感。她隨時準備幫助周圍的人，通常有許多朋友。

B 用這種形狀的女人普遍興趣廣泛、多才多藝，有時遇事難以決斷，往往為了一點小事也大發脾氣。

C 用唇膏時抹掉一邊剩下另一邊的女人，喜愛搬弄是非，耍點小聰明。

此外，她熱情，易激動。喜歡旅遊和體驗新事物也是她的一大特點。

D 雖讓人難以置信，但卻是事實：唇膏形狀越扁平，她越富有浪漫色彩。

此外，她是一個較理智的女人，是可以信賴的女友，總能幫你提出切合實際的建議。這樣的女人記憶力驚人。

E 她深知自己想要什麼。她有文化品味，富有審美情趣，常給人一種孤僻冷漠的感覺，但如果深入瞭解後你會發現，她善良溫柔。不過，誰要是欺負她，她會設法報復的。

33. 從女孩喜歡穿的鞋子看她的性格

她喜歡穿以下哪種款式的鞋子？

A. 高跟鞋

B. 運動休閒鞋

C. 涼鞋

D. 學生鞋

E. 長／短靴

F. 比較前衛的鞋

測試結果

A 她成熟大方，在工作及生活上都盡責努力，對周圍的一切要求會比較高，但是因為想要的東西太多，她有時會因為無法滿足而脾氣不佳。

B 從表面看來她大而化之，容易相處，其實她非常會保護自己，警覺心很強。在堅強的防衛之下，其實她有非常脆弱的情感。

C 她相當自信，喜歡將自己美好的一面表現出來。一般而言她的人緣不錯，朋友也不少，對異性也很有興趣。

D 她個性單純敏感，家教嚴，容易壓抑自己的情感。其實她內心還是想嘗試一些冒險的經歷，只是要小心旅行時上當受騙。

E 她愛好自由，個性獨立，不喜歡受拘束，勇於表現自己。

一般來說這種女子不是外表出眾，就是相當聰明有能力，容易成為異性傾慕的對象。

F 她關注時尚並追逐流行，喜歡成為焦點。她可能對自己不具備足夠的信心，希望透過追逐流行，讓大家注意到她的存在。

34. 從坐姿看他的為人

其實透過一個人的坐姿就能看出他的為人，你仔細觀察身旁人的坐姿，他是以下哪一種呢？

A. 正襟危坐，兩腳併攏並微微向前，整個腳掌著地

B. 蹺著二郎腿坐著，無論哪條腿放在上面，都很自然

C. 蹺著二郎腿坐著，並且一條腿勾著另一條腿

D. 腳尖併攏、腳跟分開坐著

E. 把雙腳伸向前，腳踝部交叉

F. 腿腳不停地抖動，而且還喜歡用腳或腳尖使整個腿部抖動

G. 敞開手腳而坐

測試結果

A 他的特點是做事有條不紊,但容易較真,這難免拘泥於形式而顯得呆板。他只做那些有把握的事,從不冒險行事,缺乏創新與靈活性。

B 他比較自信,懂得如何生活,人際關係也比較融洽。

C 他沒有足夠的自信,做事甚至有些猶豫不決。不過由於他有吸引力,處理事情分寸的把握度還不錯,所以他能夠讓大家正確地評價並喜歡他。

D 他習慣獨處,交際只侷限在他感覺親近者的範圍內。有時他會過高評價自己的能力。

E 他喜歡發號施令,天生有嫉妒心理。他可能是個很難相處的人,因為這還是一種很有防禦意識的坐姿。

F 他凡事從利己角度出發,對別人很吝嗇,對自己卻很縱容。但他很善於思考,經常能提出一些意想不到的問題。

G 他有指揮者的氣質,有支配性的性格;也可能是性格外向,不知天高地厚。

☆【從坐姿讀懂男人】

一些男人坐著的時候，通常只坐椅子的前半部分，
這說明其性格較為內向，善於傾聽他人的意見，有
較強的親和力。

而那些坐滿整張椅子的人往往是生活和事業的強者，
他們熱情洋溢而且隨遇而安，做事有較強的責任感，
事業順利，人際關係和諧。

35. 從鞋子可看出男人的小祕密

你想瞭解的他比較偏愛穿哪一種鞋子？

A. 重複購買固定鞋子式樣

B. 節儉穿鞋

C. 隨隨便便穿鞋

D. 正式黑皮鞋

E. 休閒鞋

 他是念舊、有包容心的男人，對朋友十分講義氣。

B 他是保守型的男人，個性拘謹，在人際關係上的格局較小，處事上不夠圓滑。

C 他不拘小節，常常眼高手低。私生活沒什麼條理，又喜歡做白日夢，相信總有一天自己可以一步登天。

D 他是個傳統型男人，有大男人主義傾向。他有一套屬於自己的處世原則，不會為任何人更改。

E 他喜歡主動，主觀意識強，對自己的要求很嚴格，對異性更是挑剔。在生活上，他是個有規律的計劃者。

☆ 【眼動實驗】

心理學家研究眼動規律發現，不管是動物還是人，看雌性都是從上往下看，看雄性都是從下往上看。所以女性頭可斷，髮型不能亂；男性血可流，皮鞋不能沒有油。

36. 從付款方式看透朋友性格

你跟幾個朋友一起去吃飯，飯後付款時，大家是怎樣的表現呢？

A. 主動去前台付款

B. 不付款，把付款任務推給別人

C. 不積極主動去付帳，採取拖延的態度

D. 收到帳單後立刻付帳

E. 採用手機支付等新方式

測試結果

這樣的人大多比較傳統和保守，對於新鮮事物的接受能力比較差，而偏重於循規蹈矩，守著一些

過時的東西，缺乏冒險精神。他缺乏安全感，又有自卑心理，但又極其希望獲得他人的肯定和認同。凡事他只有親自參與，才會覺得有保障。

B 這樣的人常無法堅持自己的原則和立場，而習慣於服從和聽命於他人，被他人領導。他的責任心不強，常會找理由和藉口為自己開脫，在挫折和困難面前會膽怯、退縮。

C 這樣的人比較自私，缺乏公平觀念，總是想著自己少付出或是不付出就得到盡可能多的回報。他在一般情況下不會輕易去關心和幫助別人，對人雖不算冷淡，但也算不上熱情。

D 這樣的人有魄力，凡事說到做到，拿得起放得下，當機立斷，從不拖泥帶水。他個性獨立，為人真誠率性，無論哪方面，從來不希望自己欠別人的，倒是可以他人欠自己的。

E 這樣的人比較容易接受新鮮事物，但他會對某一種東西的依賴性很強，常常喪失自己的主動權，甚至受制於他人。

37. 從讀書類型識人

一個人喜歡讀什麼書，往往就是一個人性格的外露。你可以問問他，他喜歡讀什麼書：

A. 人物傳記

B. 通俗讀物

C. 言情小說

D. 歷史書籍

E. 漫畫

F. 恐怖小說

G. 偵探小說

H. 科幻小說

I. 武俠小說

測試結果

A 他性格堅強，有野心，會為了實現自己的目標而堅持不懈地努力。同時，他還有強烈的好奇心，敢於並樂於搶占未知領域。

B 他富有同情心，積極開朗。他總能給他人帶來許多快樂，所以會有比較不錯的人際關係。

C 他情感豐富，相當敏感。他的思想比較單純，嚮往一切美好的事物，但多少有一點不切實際。

D 他沉著穩重，有內涵。他不會把時間和精力浪費在與他人的閒聊上面，而是會去做一些比較有意義的事，是非常現實和實際的。

E 他的玩心比較重，喜歡過無拘無束的生活。他性格活潑開朗，責任心不強。隨便的生活態度，使他很難對什麼負起責任。

F 他的生活比較單調乏味，但又無法擺脫，所以只好借恐怖小說來尋找一些新鮮、刺激的感覺。

G 他的思想超前，具有邏輯思辨能力，往往是問題越難以解決，他越樂於迎難而上。

H 他具有豐富的想像力和創造力，厭惡重複的學習和生活，希望生活當中每天都有一些新的發現。

I 他有一些俠義情結，為人豪爽，肯為朋友做出犧牲。但他在現實生活中可能會遭遇很多挫折。

38. 透過益智遊戲看準對方

在一個人玩遊戲的時候，恰好是看準他性格的最佳時機。觀察你的朋友，一般情況下，他會選擇什麼遊戲？

A. 魔術方塊
B. 拼圖遊戲
C. 縱橫字謎
D. 幾何圖形遊戲
E. 數字遊戲
F. 在照片中找錯誤
G. 智力測驗

A 他有耐性，心思靈巧，觸覺靈敏，喜歡自己動手做一些小玩意兒。

B 他有信心和忍耐力，人生不如意時依然能夠保持奮鬥的精神。

C 他是個做事極看重效率的人，同時具有堅強的意志，與人相處時會顯示出紳士風度。

D 他為人深沉而內斂，在思想上比較成熟。

E 他的邏輯思維能力比較強，生活是極有規律的。

F 他的胸懷不夠寬廣，很少能注意到別人的優點，總是盯著別人的缺點不放。

G 他對於事情的輕重緩急沒有認識，常常會將時間、精力甚至財力浪費在沒有任何意義的事情上面。

39. 從喜歡的音樂類型看他的個性

以下各類型音樂,他最喜歡聽哪種呢?

> A. 進行曲
>
> B. 打擊樂
>
> C. 搖滾樂
>
> D. 古典音樂
>
> E. 爵士樂
>
> F. 淒涼哀歌
>
> G. 大型樂隊表演

測試結果

A 他事事循規蹈矩，凡事不愛求變。他是一個完美主義者，希望自己的一切都能做到最好，完美無缺。

B 他率直天真，為人處世十分隨和，對人生充滿希望，同時也喜歡說笑和自嘲。

C 他精力充沛，易衝動，並喜歡社交。

D 他愛追求人生盡善盡美的境界，身分、地位對他來說極為重要。他似乎不講究物質享受，但是一旦有資格追求，他必然會一切都要求最好的、高級的。

E 他喜歡寧靜而富有情調的夜生活，他不愛放蕩不羈，對別人也十分關懷體貼，知道怎樣為他人著想。

F 他是善感型，富悲天憫人的同情心，他的生命大事，常常與歌曲有關。

G 他樂觀，滿懷希望，往往只看到別人美好的一面，喜歡出風頭，經常幻想自己能躋身上層社會。

40. 從談話姿勢測試你朋友是怎樣的人

你和朋友談心事的時候,他的姿態是:

A. 拇指托著下巴,其餘手指遮著嘴巴或鼻子

C. 手不停地撫摸下巴

B. 不停地搓揉著耳朵

D. 一隻手撐著臉頰

測試結果

A 這種動作就是潛意識中怕一不小心說走了嘴的防衛姿勢,在心理上有兩種可能:如果是自己說話,那就是言不由衷;如果是聽你說話,那就是不同意你的說法。

B 他屬於靜不下來的人，不然就是很喜歡講話。如果你發現你的聽眾一直摸耳朵，那這個時候，你最好停一下來徵詢對方的意見。

C 他是一個很喜歡思考的人，有時候會鑽牛角尖，在人際關係的表現上比較神經質。

D 這種人通常是整天懶懶散散的，做什麼事都提不起勁。如果他跟你不是很熟，你在講話時看見他一隻手撐著臉頰，那你最好趕快結束話題；不然就是換一個他感興趣的話題，這樣才不會得罪對方。

☆【交談的技巧】

1. 注意傾聽對方在說些什麼。

2. 注意在談話中適當表達自己的見解。

3. 用巧妙的方法避免冷場出現。

4. 平衡「聽」和「說」。

5. 以平和的方式表達自己的想法。

6. 談論合適的主題。

7. 儘量講有意思的話題。

8. 分享自己的見聞。

41. 從挑位置看他的缺點

你們到餐廳吃飯,他一般喜歡坐在哪個位置呢?

A. 靠近門口
B. 餐廳中間
C. 靠餐廳窗邊
D. 靠餐廳角落
E. 靠牆而坐
F. 面向牆而坐

 測試結果

A 他是個外向的人,但個性急躁,爭強好勝。他是
對工作認真之人,喜歡被別人稱讚和表揚,在乎

別人對他的評價和看法。也因此常常把自己弄得很累,有什麼不高興的事也藏不住,容易被別人看穿。

B 他是個以自我為中心的人,喜歡指揮和命令別人,卻不太理會別人的感受。他對別人漠不關心,態度冷漠,不愛聽勸告和意見,導致朋友與同事都覺得他太自私了。

C 他是不喜歡突出自己,偏向於平凡的人。對他來說,與其忙忙碌碌地生活,還不如逍遙自在過平凡的日子。他沒有太大的理想和抱負,只求穩定和舒適的生活,因此他不適合競爭太激烈的工作。

D 他是個內斂而保守的人,做事穩重但欠缺行動力,也缺乏決策能力,依賴心過重,因此他不適合擔任領導或重要職位,否則會全盤大亂。相對來說,他適合做配合的工作,如助手等。

E 他是個非常重視安全感的人,個性敏感,疑心頗重,常常無緣無故擔心這個擔心那個,有時會弄到自己心力交瘁。

F 他是個孤傲、冷漠的人,不喜歡跟他人打交道,不善於與他人溝通。他只埋頭於自己的世界,無視外界的存在,這導致他越來越孤獨,因此很難走向成功。

42. 從說話看他的個性

　　如果他講話講到一半時，有人打斷他並轉移話題，那他通常會怎麼做？

> A. 等對方講完，再接下去講
> B. 跟對方搶著講，看誰聲音大
> C. 把剩下的話吞回去，不再講下去
> D. 馬上要求對方尊重他，不要插話

　　他是那種話不吐完心裡就不舒服的人。一旦有人不尊重他，打斷他的話，他只好等對方講完，再接下去講。從這點可以看出來，他是個很沉得住氣的人。雖然他知道對方不尊重他的發言權，但又不便於當面翻臉，只好耐心地等對方講完，再

很有風度地繼續講完。這樣做，一來可以避免話沒講完的尷尬，二來可以給對方一個教訓。

B 他是那種經不起侵犯，一觸即發的人。他的脾氣很不好，一旦脾氣上來，壓也壓不住，會直接爆發出來。所以，如果對方是惡意打斷他的話，那他會不甘示弱地提高嗓門，要和對方拚一拚。他是個直腸子，凡事不三思而行的話，很容易惹禍，也很容易掉進敵人的圈套中，還是小心為妙！

C 他沒有自信，對人際關係更沒信心。從他的心態上來講，話講到一半就被人打斷，甚至轉移話題，這是非常不尊重他的表現，甚至可以說對方根本沒把他當人看。他覺得受這樣的侮辱是很見不得人的，所以會盡可能地把話吞回去，而且還希望大家不會注意到他，就當作沒講。這是一件令他難過的事，而他是那種挨打也不會吭聲的人，沒辦法！

D 他盛氣凌人，頗有領導者的架勢，在他講話的時候，不許別人插嘴或打斷，否則他不會坐視不管，會當面警告對方要尊重他的發言權。他是以自我為中心的人，他想做的事，就會按照自己的意思來做，不容許別人干涉，一旦有人干涉，他會毫不客氣地給予糾正。

43. 女生坐姿透露性格祕密

她平常的坐姿是什麼樣子的？

A. 蹺著二郎腿

B. 雙腳併攏，斜傾於一個固定方向

C. 常將腳尖相互交叉

D. 膝蓋靠攏，膝蓋以下則叉開

　　如果她是個蹺右腿型的女生，則較內向保守，
凡事考慮周全才能下決斷。她端莊賢淑，中規

中矩，可謂一個典型的傳統女性。

她渴求一份美滿的愛情，卻絕對缺少抓住愛情的勇氣。如果她是個蹺左腿型的女生，則富有冒險精神，敢為人先，不讓鬚眉，工作上絕對一流。對於愛情積極而大膽，專一而忠貞，她很容易獲得男人真心的愛！

B 自視甚高的她，無論在工作上還是愛情上，都有一套自我原則。對於工作，她竭盡所能，儘量做得比別人好；對於男友，她要求未來的他一定要有高雅出眾的談吐、卓爾不群的品性、有型有派的儀表，若非一個真正優秀的男人，很難入她的慧眼！

不過，儘管她如此聰明，卻完全可能上那些反應敏銳的「花花公子」的當，小心為妙！

C 她是個相當拘謹而含蓄的女孩子，在社交場合不免出現手足無措、張口結舌的窘態。

她較容易滿足於現狀，沒有強烈的功名意識。

她期盼著愛情的到來，靜待著那個欣賞她的他出現。基本上，她是個本分女子。

D 她是個率性而沒有心機的女孩，心裡想什麼，嘴上就說什麼，容易給人不成熟的印象。對於愛情，她卻尚不知是何物。

懵懵懂懂的她，幾乎很少為情所困，也不會太在乎有沒有異性做伴。恐怕她的異性朋友中早已有人暗中注意上了她，他正在耐心地等她「長大」呢。

☆【現在過得太舒服，未來將會很不舒服】

有個心理學實驗，把學習成績相當的學生分成兩個組，其中20人坐在舒適的沙發上學習，另外20人坐在木椅上學習。

後來坐木椅的學生的成績要比另一組高出許多。坐木椅，因不舒服而不斷調整坐姿，腦供血充足；坐沙發太舒適而一動也不動，血循環減慢，腦部營養減少。

44. 從臀部形狀看她的性格

仔細觀察一番，看看她的臀部更接近下列答案中的
哪一項：

A. 寬闊型，臀部豐滿

B. 下垂型，略顯臃腫

C. 微翹型，有明顯的曲線

D. 瘦削型，曲線不大明顯

測試結果

她富有正義感，智慧超群，寬容體貼，能以一顆
平常心看世界，個性上略顯樂觀天真。她在愛情
上樂於付出，且要求不高。

B 她是個賢妻良母型的女子，不僅善解人意，而且和藹可親，因此人緣一直不錯。

溫柔而又多愁善感的她，在愛情中往往處於被愛護的地位，可以讓另一半的男子漢氣概得以盡情展示。

C 她是個精力旺盛、富於冒險精神的女人，從不會輕易被自己的年齡、健康所戰勝，會顯得比實際年齡小，活力十足，無拘無束。

對於男女相愛這回事，她從不消極等待，而是常常採取主動姿態，受不了不確定而拖拖拉拉的愛。她是個思想上很放得開的人。

D 她精力不錯，但只是對自己感興趣的事而言。大多數時候，她更傾向於中規中矩，講求原則性。儘管性格外向，但她並沒有征服欲，常常安於自己的世界。

愛情對她而言非常重要，在這方面她不太看得開，吃醋、鑽牛角尖是她慣常的表現。

45. 從吃肉看野心

從一個人愛吃的肉類，可以瞧見他的權力慾望，這是隱藏不了的傾向。快來測測你四周的同事，誰才是真正的野心家吧！

A. 牛肉

B. 雞肉

C. 羊肉

D. 豬肉

E. 鴨肉

他是頭號野心分子，對事業雄心勃勃，期望自己在各方面都有出色的表現，並且會採取各種方法努力達成目標。他的人際關係相當好，八面玲瓏是他的真實寫照，他的上進表現是有目共睹的，如果是他贏了，那別人也是心服口服。

表面上看來他是個好相處的人，其實骨子裡很有

野心。從進公司的那天起，他就處心積慮地想要向上爬，力求表現自己，爭取權力高層的注意。

B 他本分老實，只求完成自己的本職工作，也不會去攀附搭識某些重要人物。他IQ很高，屬於技術型人才，具有鑽研精神，才能不錯，EQ則略欠缺，特別是沒有良好的直覺。

他對八卦消息十分熱衷，只是害怕被權力中心遺忘，雖然不是野心分子，卻是八卦之王，守不住祕密，一有風吹草動，就馬上變成言論製造者，還會添油加醋，把本來沒那麼嚴重的事情說得面目全非。他容易被野心分子利用，成為辦公室鬥爭放話的傳聲筒。

C 他才能不錯，一般都有某些方面的特長，事業上也兢兢業業，人緣也很好，不是那種愛露鋒芒的角色。他還頗有威望，深得辦公室中人的信任。

他渴望成功，也有些野心，但是卻常常後繼無力。因為本性中就有著虎頭蛇尾的特點，做事往往只憑一時的熱情，沒有辦法對一件事情有持久的耐心和毅力，也就更無力和人拼到底了。

D 他高估自我能力，認為自己的才能足以領導大家，其實只有七分的能力非要把它說成是十分，自我感覺相當良好。他沉不住氣，喜歡以領導者

的姿勢要求對方服從，在還沒有用實踐證明自己能力的時候，會讓人感到不滿。他很嚮往有權有名，被眾人崇拜仰視是他追求的目標。

他會花上許多時間去爭取，甚至會耍些小手段，利用人際關係達成他的心願，得到後姿態擺得也很高，卻不知才能其實平平，根本無法服眾。

E 他很熱衷突顯自我能力，喜歡表現，在任何場合都想發揮自己的水平和能力。一有成績就喜歡公之於眾，生怕人家會不知道，最希望得到大家的認可和承認，以滿足虛榮心。可惜弄巧成拙的可能性很大，因為表現得太明顯了，人家免不了會敷衍他。

天上不會掉下餡餅來，工作上的專心度和努力度都有待加強，做事總是想得太多，只會浪費時間。

☆【為什麼那麼多男人喜歡釣魚】

從科學角度來說，這和人類的遺傳基因有關。從遠古時期開始，人們以男人狩獵、女人採集果實的分工來取得食物，這種基因被一直保留下來。現在由於種種條件的限制，合法狩獵方面也只剩下釣魚了。所以男人釣魚，而女人依然喜歡採集，比如逛街。

46. 語速透露一個人的真實性格

透過對方的說話速度和語氣，我們可以將他看得更透徹。你身邊的他是怎樣的人？

A. 語速快／慢的人

B. 語速反常的人

C. 由自信決定語速的人

D. 語速較平緩的人

E. 説話輕聲細語的人

我們通常把說話速度快的人稱為急性子，這類人辦事通常很急躁；我們把說話速度慢的人稱為慢

性子，辦事總是不著急不著慌的。如果對某人不滿意或懷有敵意，這時說話通常不會太快，而說話的速度莫名突然加快，則說明他心裡有鬼或言不由衷。

B 平時少言寡語、慢條斯理，突然之間誇誇其談、口若懸河，說明他心中有不願意被他人察覺的祕密，想用快言快語作為掩飾，轉移他人注意力。或許他還有想讓對方多瞭解的願望，一時間不知道如何表達，所以在語速上出現錯誤。

C 自信的人多用肯定語氣與別人交談，而沒有自信和怯懦的人，說話的節奏一般緩慢，多半吞吞吐吐，好像沒吃飯似的沒有力氣。喜歡低聲說話的人，不是有女性化的傾向就是缺乏自信心。

D 平常語速平緩的人，心中有自卑感，或者根本就是在說謊，期望借用這種方式掩蓋自己的言不由衷，但是這種掩飾是欲蓋彌彰，恰好暴露了他的真實想法。

E 他生性謹慎，有一定的文化修養，措辭嚴謹，謙恭有禮。他對人很有禮貌，別人也會尊重他的胸襟開闊，他能夠包容他人的缺點和錯誤，注重交往，能夠主動與周圍人拉近距離。

TALENT tool

大大的享受拓展視野的好選擇

大拓
Talent Tool

永續圖書 線上購物網
www.foreverbooks.com.tw

謝謝您購買　緣來是你：男女生都愛的101則愛戀心理測驗　這本書！
即日起，詳細填寫本卡各欄，對折免貼郵票寄回，我們每月將抽出一百名回函讀
者寄出精美禮物，並享有生日當月購書優惠！
想知道更多更即時的消息，歡迎加入"永續圖書粉絲團"
您也可以利用以下傳真或是掃描圖檔寄回本公司信箱，謝謝。

傳真電話：（02）8647-3660　　　　　　信箱：yungjiuh@ms45.hinet.net

☺ 姓名：　　　　　　　　□男　□女　　　□單身　□已婚

☺ 生日：　　　　　　　　□非會員　　　□已是會員

☺ E-Mail：　　　　　　　　電話：（　）

☺ 地址：

☺ 學歷：□高中及以下　　□專科或大學　□研究所以上　□其他

☺ 職業：□學生　□資訊　□製造　□行銷　□服務　□金融
　　　　□傳播　□公教　□軍警　□自由　□家管　□其他

☺ 您購買此書的原因：□書名　□作者　□內容　□封面　□其他

☺ 您購買此書地點：　　　　　　　　　　金額：

☺ 建議改進：□內容　□封面　□版面設計　□其他

　　　您的建議：

新北市汐止區大同路三段一九四號九樓之一

大拓文化事業有限公司收

請沿此虛線對折免貼郵票，以膠帶黏貼後寄回，謝謝！

緣來是你 ： 男女生都愛的101則愛戀心理測驗

■ 請至鄰近各大書店洽詢選購。

■ 永續圖書網，24小時訂購服務
www.foreverbooks.com.tw
免費加入會員，享有優惠折扣

■ 郵政劃撥訂購：
服務專線：(02)8647-3663
郵政劃撥帳號：18669219